中國圖書館
BIBLIOTECA CHINESA

DAO DE JING

LAO ZI
Tradução Mario Sproviero

edição brasileira© Hedra 2014
tradução© Mario Bruno Sproviero

título original 道德經 (Dàodéjīng)

edição Jorge Sallum e Luis Dolhnikoff
assistência editorial Luan Maitan
revisão André Fernandes, Bruno Costa e Rita Sam
capa Julio Dui

ISBN 978-85-7715-061-8

corpo editorial Adriano Scatolin,
Caio Gagliardi,
Fábio Mantegari,
Fernando Quinteiro,
Iuri Pereira,
Jorge Sallum,
Luis Dolhnikoff,
Oliver Tolle,
Ricardo Musse,
Ricardo Valle,
Rogério de Campos,
Tales Ab'Saber

Grafia atualizada segundo o Acordo Ortográfico da Língua Portuguesa de 1990, em vigor no Brasil desde 2009.

Direitos reservados em língua portuguesa somente para o Brasil

EDITORA HEDRA LTDA.
R. Fradique Coutinho, 1139 (subsolo)
05416–011 São Paulo SP Brasil
Telefone/Fax +55 11 3097 8304

editora@hedra.com.br
www.hedra.com.br

Foi feito o depósito legal.

DAO DE JING
Laozi

Mário Sproviero (*tradução*)

4ª edição

hedra

São Paulo_2014

Laozi, também conhecido como Lao Tzu, Laotze e Lao Tsé, é o primeiro e mais importante autor do taoísmo chinês. Acredita-se que seu verdadeiro nome era Li Er. Quase nada se sabe sobre sua vida, e mesmo sua real existência individual é posta em dúvida por especialistas. As biografias tradicionais o apontam como o mantenedor dos arquivos da corte de Zhou. Também mencionam o fato de ele haver se encontrado com Confúcio – Kong Fu Zi, ou, literalmente, "Mestre Kong" –, que teria ficado impressionado com os ensinamentos de Laozi. O *Dao De Jing* teria sido escrito por Laozi a pedido de um guarda de fronteira, que o instou a registrar seus ensinamentos como condição para partir, quando ele deixava o reino de Zhou, então em decadência.

Mario Bruno Sproviero é doutor em Filosofia pela Universidade de São Paulo e estudioso da língua e da cultura chinesas.

Sumário

Introdução, *por Mário Sproviero* — 11

O LIVRO DO CURSO — 39

O *Dao* em sua constituição | 體道 Ti Dao — 41
Cultivar a pessoa | 養身 Yang Shen — 43
Pacificar o povo | 安民 An Min — 45
Sem origem | 無源 Wu Yuan — 47
Eficácia do esvaziar-se | 虛用 Xu Yong — 49
Formar imagem | 成象 Cheng Xiang — 51
Sombrear a luz | 韜光 Tao Guang — 53
Índole fácil | 易性 Yi Xing — 55
Promover a tranquilidade | 運夷 Yun Yi — 57
Possibilidades de atuação | 能為 Neng Wei — 59
Uso do imanifesto | 無用 Wu Yong — 61
Restrição dos desejos | 檢欲 Jian Yu — 63
Vergonha abominável | 厭恥 Yan Chi — 65
Louvar o mistério | 贊玄 Zan Xuan — 67
A virtude revelada | 顯德 Xian De — 69
Retornando à raiz | 歸根 Gui Gen — 71
Estilo de vida na pureza | 淳風 Chun Feng — 73
A decadência dos costumes | 俗薄 Su Bo — 75
Voltar à pureza | 還淳 Huan Chun — 77
Diferenciar-se do vulgo | 異俗 Yi Su — 79
Coração oco | 虛心 Xu Xin — 81
Crescer em humildade | 益謙 Yi Qian — 83
Oco e imanifesto | 虛無 Xu Wu — 85
Graça sofrida | 苦恩 Ku En — 87

Imaginar o mistério | 象玄 Xiang Xuan	89
A virtude do pesado | 重德 Zhong De	91
Uso da destreza | 巧用 Qiao Yong	93
Retorno ao lenho tosco | 反樸 Fan Pu	95
Não atuar | 無為 Wu Wei	97
Poupar as armas | 儉武 Jian Wu	99
Cessar as armas | 偃武 Yan Wu	101
A virtude da santidade | 聖德 Sheng De	103
Virtude do discernimento | 辨德 Bian De	105
Confiança na realização | 任成 Ren Cheng	107
A virtude do amor humano | 仁德 Ren De	109
Iluminação sutil | 微明 Wei Ming	111

O LIVRO DA VIRTUDE 113

Exercício da regência | 為正 Wei Zheng	115
Discutindo a virtude | 論德 Lun De	117
O fundamento da lei | 法本 Fa Ben	119
Uso do afastamento | 去用 Qu Yong	121
Identidade e diferença | 同異 Tong Yi	123
As transformações do *Dao* | 道化 Dao Hua	125
Uso universal | 遍用 Bian Yong	127
Preceitos estabelecidos | 立戒 Li Jie	129
Virtude transbordante | 洪德 Hong De	131
Moderar os desejos | 儉欲 Jian Yu	133
Averiguar o distante | 覽遠 Jian Yuan	135
Esquecer o saber | 忘知 Wang Zhi	137
Confiança na virtude | 任德 Ren De	139
Dignificar a vida | 貴生 Gui Sheng	141
Virtude sustentante | 養德 Yang De	143
Retorno à origem | 歸元 Gui Yuan	145
Prova da ganância | 益證 Yi Zheng	147
Cultivar a contemplação | 修觀 Xiu Guan	149
Signo místico | 玄符 Xuan Fu	151

Virtude mística | 玄德 Xuan De	153
Costumes puros | 淳風 Chun Feng	155
Adaptar-se às mudanças | 順化 Shun Hua	157
Manter o curso | 守道 Shou Dao	159
Ocupar o trono | 居位 Ju Wei	161
A virtude da humildade | 謙德 Qian De	163
Atuar o curso | 為道 Wei Dao	165
Pensar a origem | 思始 Si Shi	167
Guardar o diminuto | 守微 Shou Wei	169
A virtude pura | 淳德 Chun De	171
Colocar-se a si mesmo atrás | 後己 Hou Ji	173
As três joias | 三寶 San Bao	175
Bodas com o céu | 配天 Pei Tian	177
Uso místico | 玄用 Xuan Yong	179
Conhecer as dificuldades | 知難 Zhi Nan	181
Alienação do conhecimento | 知病 Zhi Bing	183
Amor a si mesmo | 愛己 Ai Ji	185
Deixar-se atuar | 任為 Ren Wei	187
Dominar as ilusões | 制惑 Zhi Huo	189
O prejuízo da cobiça | 貪損 Tan Sun	191
Precaver-se contra a força | 戒強 Jie Qiang	193
O curso do céu | 天道 Tian Dao	195
O acreditável | 任信 Ren Xin	197
Fidelidade no contrato | 任契 Ren Qi	199
Isolacionismo | 獨立 Du Li	201
Manifestar o essencial | 顯質 Xian Zhi	203
Notas	205

Introdução

Mário Sproviero

Laozi nasceu por volta de 604 a.C. e foi provavelmente contemporâneo a Confúcio (551-479 a.C.). O *Dao De Jing* foi considerado canônico em 666 d.C., quando Laozi foi canonizado pelo imperador da dinastia Tang, Gao Zong (650-684 d.C.), com o título *Tai Shang Xuan Yuan Huang Di*, "Sublime Imperador de Mística Origem". Em 1013 d.C., o imperador da dinastia Song, Zhen Zong (998-1023) acrescentou-lhe o título de *Tai Shang Lao Jun*, "Sublime Senhor Lao", como é geralmente conhecido pelos adeptos taoístas.

Apresentamos a tradução da célebre biografia de Laozi por Si Ma Qian (c. 145-90 a.C.), primeiro historiador universalizador da China:

Laozi era da pequena aldeia de Qu Ren, no Cantão de Li, no distrito de Ku, no Estado de Chu. Seu nome de família era Li, seu nome próprio era Er [orelha] e seu nome literário era Dan [orelha sem dobra]. Era cronista oficial em Zhou, encarregado do Departamento de Arquivos.

Confúcio foi até Zhou para perguntar a Laozi pelos ritos. Laozi disse: "O sr está falando de homens com os ossos já apodrecidos, cujas palavras apenas ficaram nos ouvidos. Além disso, o homem nobre, os tempos lhe sendo favoráveis, dirige sua carruagem; os tempos não lhe sendo favoráveis, vai como framboesa disseminada ao sabor do vento. Ouve-se dizer que um bom comerciante esconde no fundo seu estoque, e o armazém parece vazio; o homem nobre está cheio de virtudes, o semblante, porém, parece de estúpido. O senhor afaste seu ar arrogante e seus excessivos desejos, suas atitudes maneiristas e suas intenções libertinas. Nada disso é de proveito à sua pessoa. É o que lhe tenho a dizer, nada mais".

Confúcio foi embora e disse a seus discípulos: "A ave... eu sei que pode voar, o peixe... eu sei que pode nadar, os animais selvagens... eu sei que podem correr. Os que correm... é possível fazer-lhes redes, os que nadam...é possível fazer-lhes linhas, os que voam... é possível fazer--lhes dardos. Chegando ao dragão, eu não posso saber como, galgando o vento e as nuvens, sobe ao céu. Hoje eu vi Laozi. Como se parece com o dragão".

Laozi seguia o curso e sua virtude; seu ensinamento visava ao ocultamento de si mesmo e o anonimato. Residiu muito tempo em Zhou. Ao perceber a decadência de Zhou, foi embora. Chegando à fronteira, o guarda do passo, Yin Xi, disse: "O sr vai ocultar-se, eu exijo que componha um livro para mim".

Então Laozi compôs um livro com duas partes, falando sobre o curso e sua virtude, com pouco mais de cinco mil ideogramas. Partiu. Ninguém sabe seu fim.[1]

O texto de Laozi foi escrito, provavelmente, durante a segunda dinastia Zhou (772–256 a.C.), à época dos Estados Combatentes (481–256 a.C.), quando o trono real esteve vazio (256 a 221 a.C.), tempo que se seguiu a uma grande disputa encerrada com o triunfo do Estado de Qin, que acabou por unificar a China.

Com a unificação dos Sete Estados Qi Xiong 七雄 ou Sete Poderes Masculinos,[2] o antigo sistema feudal[3] é derrotado. Estes Estados pelejaram entre si, até que Qin conquistou toda a China. O governo passou, então, da organização monárquica à imperial, estrutura que perdurou até 1911 d.C. É importante lembrar que o ferro foi introduzido na região no século VI a.C., e que a região foi dominada por Qin, Estado que mais

---

1. Si Ma Qian, *Shi ji*, Hong Kong, Zhong Hua Shu Ju, 1969, seção 63, vol. VII, pp 2139–2140.

2. Han 漢, Zhao 趙, Wei 魏, Chu 楚, Yan 燕, Qi 齊, Qin 秦. Dos Sete Estados, Qi ficava à leste, Qin à oeste, Chu ao sul, Yan ao norte; Han, Zhao e Wei ao centro.

3. Sistema feudal por suas características análogas, mas com diferenças, do sistema feudal ocidental. Needham chama esse sistema, genericamente, de "protofeudalismo da Idade do Bronze" (*Science and Civilizations in China*, vol. I, pp 90 ss). Esse sistema vai se desenvolvendo, mas irá redundar, depois da fundação do Império Chinês em 221 a.C., num sistema burocrático.

o empregou. A Idade do Ferro surgiu na China, após o seu aparecimento na Ásia Menor, com os hititas em, aproximadamente, 1400 a.C., ou na Europa, em 900 a.C. Mas, apesar disso, desenvolveu-se rapidamente e difundiu-se como em nenhum outro lugar.

A QUESTÃO DA AUTORIA

Atualmente alguns estudiosos supõem que o *Dao De Jing* tenha sido composto depois de Confúcio, durante o período dos Estados Combatentes (481-256 a.C.). Primeiro, o livro *Dao De Jing* não é mencionado nos *Analectos* de Confúcio, nos escritos de Mêncio (372-289 a.C.) e nos de Zhuangzi (c. 370-300 a.C.) em que é citado como personagem. Segundo, antes de Confúcio não há escritos com referência pessoal, embora o pronome *eu*, para Laozi, possa ter um sentido mais genérico, como um eu qualquer; por último, o gênero usado no *Dao De Jing* não é o do diálogo, mas próprio de um cânon (Jing 經) da época dos Estados Combatentes.

Fung Yu-Lan[4] apresenta uma boa hipótese, ao considerar que Si Ma Qian, que verificara os documentos ao pesquisar a vida de Laozi, confundiu Li Er, uma personagem histórica, cujos descendentes eram contemporâneos de Si Ma Qian, com Lao Dan, uma personagem lendária, que tinha sido perfeito na antiguidade. Mas o erro teria uma certa justificativa, já que Li Er, como afirma Si Ma Qian, sendo pessoa que procurava o anonimato, teria permitido seu ocultamento pela figura lendária de Lao Dan.

Mas, mesmo que o texto atual tenha sofrido alterações e arranjos dos literatos da dinastia Han (206 a.C.-220 d.C.), não há necessidade de considerar o *Dao De Jing* obra de vários autores. É preferível seguir a hipótese principal e demonstrar que aparentes contradições são conciliáveis.

4. Fung Yu-Lan, *A History of Chinese Philosophy*, trans. by Derk Bodde, Princeton, Princeton University Press, 1952, vol. 1, pp 171-172.

CRÍTICA DA RELIGIÃO

Não há nenhuma crítica da religião, em Laozi, em sentido moderno. Não é a religião em si criticada. Pelo contrário, Laozi conforma-se com o costume: "A tradição dos homens eu também transmito" ou "O que foi ensinado pelos homens, eu também ensino" (42) e "As palavras têm tradição" (70). O homem deve viver integrado ao curso, ao fundamento de sua existência. Deve penetrar no mistério, não reduzir o mistério ao humano, mas renovar o mistério no próprio mistério, como é mostrado no capítulo 1. A crítica que Laozi faz nesse campo é ao uso político do religioso — expresso no capítulo 4.

Podemos conciliar o curso com a religião ancestral. O curso pode ser considerado o progenitor de tudo. Ao passo que o ancestral primordial, Di 帝, não deve ser divinizado. O curso precede o ancestral. Segundo D Howard Smith,[5] os ancestrais divinizados da dinastia Shang chamavam-se Di. Quando um governante morria, ele tornava-se um Di, associado no alto com o primeiro espírito ancestral que foi considerado o "Supremo Di", Shang Di. Um estudo deste ideograma, como foi empregado nas inscrições oraculares nos ossos, sugere o ancestral fundador da dinastia Shang 商, considerado deus supremo, morador do alto. Um estudo exaustivo deste ideograma em todas as inscrições oraculares em ossos mostrou que em 17 instâncias é usado como equivalente do verbo sacrificar, provavelmente seu sentido original; em seis ocorrências, o ideograma é usado ao lado do nome de um rei anterior e indica um particular ancestral divinizado, invocado e reverenciado com Di. Em 14 ocorrências, o sentido é incerto.[6]

---

5. D Howard Smith, *China Religions*, New York, Hot, Rinhard and Winston, 1968, pp 6–7.
6. Tu Si-Nian, *Xing-ming*, Shangai, 1947, apud D Howard Smith, op.cit., p 183.

Laozi não critica, no capítulo 4, a personificação do absoluto e chama-o de Pai, Mãe. O que critica é a confusão entre Deus e o ancestral divinizado. E adverte para que não seja empregado na apoteose do imperador. É de se notar que essa crítica precede o uso que Qin Shi Huang Di fez desse título. Todos os imperadores da China o usaram. Ao afirmar que o *Dao* é anterior ao ancestral, Laozi procura evitar a divinização do próprio homem.

Podemos também observar que a integração do homem com a natureza não condiz com o culto à natureza. No capítulo 10, em poucas pinceladas, critica-se o "paganismo" como culto à natureza e aos prazeres: "a massa efusiva e mais efusiva / como no gozo de um festim sacro, / como nos altos a sagrar a primavera".

Nesse festim sacro, era sacrificado um grande touro. Havia grande expectativa pelo gozo de uma refeição sacrificial. E pujante era o posto hierárquico do ofertante ao trazer o touro como oferenda. Na primavera também se subia numa colina para gozar do panorama e consagrar a primavera.[7] Laozi critica essa sagração da natureza e os que se esquecem do *Dao* como mãe nutriente, que nos deu a existência, que a conserva e nutre, que os homens desdenham.

O conceito mais surpreendente do *Dao De Jing* é o do Nome Eterno, do capítulo 1, que não foi assimilado pela cultura chinesa, já que implica a personalidade de Deus e a própria liberdade. É relevante para esse conceito de Deus: "o homem segue a terra / a terra segue o céu / o céu segue o curso / o curso segue a si" (25).

Aqui temos o homem seguindo a terra, o que costumeiramente chamamos natureza, o mundo da vida; a terra segue o céu, e o céu segue o *Dao*, e o *Dao* segue a si mesmo, o mesmo que a si mesmo se dá o nome de eterno.

---

7. Victor von Strauss, *Lao-Tse Tao Tê King*. Suíça, Manesse Verlag, 1959, pp 242-243.

O quietismo, em seu sentido estrito, é aplicado a uma corrente da mística cristã do século XVII (Molinos, Madame de Guyon, Fénelon) e ao hesicasmo[8] dos séculos XII e XIII, no Oriente, a perfeição estava no amor interior a Deus puramente passivo, sem ego, totalmente resignado, em que toda atividade e todo próprio interesse de salvação deveria ser eliminado. Em sentido amplo, designa toda tendência ao passivismo religioso.

Nesse sentido, a assimilação da religiosidade de Laozi a uma mística do tipo quietista é imediata. No entanto, trata-se de estar integrado ao princípio de todas as coisas. O que Laozi impugna é agir destacado do princípio da existência e da ação. Desse modo, destacado e isolado, como indivíduo separado — e não integrado — condena-se a atividade e muito menos a passividade, a fim de que o indivíduo não se aparte do mundo e atue de alguma forma passivo, deixando que o princípio aja em si e por si. Este deixar não é passividade, é integração. Laozi exprime a via média entre atividade e passividade pela fórmula *Wu Wei* [não ser, não fazer, não agir] ou pela fórmula paradoxal *Wei Wu Wei* [fazer não fazendo].

Podemos observar no capítulo 49 que o santo pratica o bem indistintamente tanto em relação ao homem bom quanto ao homem não-bom.

No cristianismo, Deus é a causa primeira de todo bem, o homem é apenas a causa segunda. Deus não é causa do mal, mas sim o homem. Em Laozi, é semelhante. O homem, como causa segunda, apenas deixa o princípio agir, mas, ao querer agir por si, surge o mal. No capítulo 77, há o contraste entre o modo de agir do céu e do homem. O curso do céu diminui a superabundância e supre a deficiência. O homem, ao contrário, tira dos que não têm para dar aos que têm.

---

8. Seita de fundamento cristão que comentava o apaziguamento das paixões como forma de alcançar a tranquilidade da alma por meio de repouso físico e fisiológico.

CRÍTICA DA FILOSOFIA

É estranho cogitar uma crítica da filosofia em Laozi, enquanto se contesta a própria existência de uma filosofia na China. O que há em Laozi é, por assim dizer, uma crítica *in nuce*.

Assim, o próprio Hegel (1770–1831), em suas *Preleções sobre a história da filosofia*, reconhece este início de filosofia no Oriente: "Em primeiro lugar, há a assim chamada filosofia oriental. Mas ela não entra no corpo e no âmbito de nossa apresentação, ela é apenas algo provisório de que temos de falar[...]".[9]

Outros pensadores, como Martin Heidegger (1889–1976), caracterizam a filosofia como exclusivamente ocidental. Segundo o filósofo, houve dois ciclos bem definidos: o antigo, de Platão (427–347 a.C.) a Plotino (204–270) e o moderno, de Descartes (1596–1650) a Hegel (1770–1831). Evidentemente são marcos didáticos. Do ponto de vista da história, há pelo menos duas exceções. E uma radical crítica à tradição e à religião, em que o homem passa a fundamentar o pensamento na razão.

Cícero (106–43 a.C.) disse, por exemplo, que Platão pretendia que se considerasse verdadeiro aquilo que sua razão e cogitação julgassem como tal.[10]

E o ponto de partida de Descartes é o mesmo, ao estabelecer, conforme Platão, que se deve considerar verdadeiro a percepção clara e distinta.[11]

Este saber chamado filosofia, entendido como um saber do homem para

---

9. Friedrich Hegel, *Vorlesungen über die Geschichte de Philosophie I*, Bänden, Suhrkamp Verlag, 1971, vol. XVIII, pp 138–147.
10. "Platão quis [fundamentar] todo juízo sobre a verdade e a própria verdade, independentemente das opiniões e dos sentidos, em sua própria mente e cogitações." M T Cicerone, *Academicorum I*, Livro II Lucullus (XLVI).
11. Em nosso caso, não importa indicar que o próprio Platão e Descartes não seguem estritamente o que postulam. O fundamental é esse ponto de partida dividido entre um ceticismo radical e um dogmatismo intelectual, que procura fundar uma religião da razão humana.

o homem, baseado no próprio homem, como fundamento e ponto de partida, não se deu fora dos dois ciclos mencionados, que constituem exceção, antes, uma profunda reflexão sobre as tradições e as instituições humanas no que poderíamos chamar "filosofia chinesa". Assim, Laozi surge como o sábio que critica a sabedoria. Essa crítica está expressa no capítulo 2.

A sabedoria, na Grécia do período clássico, por exemplo, vai adquirir seu aspecto propriamente técnico e especulativo, único até aquele momento na história do pensamento — enquanto o problema nem se coloca em outras doutrinas, em Laozi está expressa uma crítica.

Quando Sócrates pede pelo belo em si, o belo no puro elemento do pensar, a conceituação do belo e o conceito do belo, institui-se o abstrato no pensamento. Assim, Platão afirma, pela fala de Sócrates: "Claro que você o sabe melhor do que eu. Todavia, meu caro, olha um pouco: ele não pede pelo que é belo, mas aquilo que é o belo".[12] Essa pergunta da filosofia ocidental, ocorre contrariamente no texto de Laozi:

天下皆知美之為美斯惡已
Sob o céu, ao conhecer o que faz o belo belo, eis o feio!

Justamente como vimos, não é ao pensar o belo, mas ao pensar o belo enquanto belo, que a percepção se destaca do real. É no pensar o pensar que surge o feio, isto é, a partição entre pensamento e realidade.

Assim ele critica de modo claro pensar o pensar, que engendra a filosofia.

Se a ordem na existência é um dado fundamental da cultura chinesa, não é compreendida como constituída por leis regentes que de certo modo estão acima da existência que regem. O famoso sinólogo Joseph Needham (1900–1995) caracterizou que os chineses consideravam a natureza ordenada, mas sem leis, como uma ordem sem leis. Podemos dizer que o mais estranho à cultura chinesa seria considerar o pensar submetido

---

12. *Hípias Maior*, 287/288.

a leis: as leis do pensar, a Lógica. Não se infere, no entanto, que Laozi admitisse a contradição ou a desordem do pensar. Pelo contrário, postula que o erro se inicia quando o pensar procura pelo que o constitui como pensar.

Poderíamos, assim, parafrasear as sentenças de Laozi: Sob o céu ao conhecer-se o que faz o pensamento pensamento, eis o não-pensamento! Quando se estabelece o princípio de não-contradição, eis que surgem as contradições.

Quando se estabelecem as regras da moralidade, eis o princípio da imoralidade.

É certamente uma posição extrema, mas no caso de Laozi as posições são extremas:

絕聖棄智
Não à santidade fora a sabedoria (19).

Em Platão, muitos distinguem duas pessoas distintas: o Platão teólogo e o Platão filósofo. Há mesmo uma tensão entre ambos. E curiosamente há muitos elementos arcaizantes, como no caso da invenção da escrita. Platão, no *Fedro* (274/275), discute as complicações que a invenção da escrita, feita por Thot, traria aos homens. Em vez de avanço, o homem alienado multiplicaria sua alienação ao utilizar de um meio tão poderoso como este:

"Ó rei," disse Thot, "[a escrita] tornará os egípcios mais sábios e mais aptos para relembrar, porque este achado é um remédio que serve tanto para a memória quanto para a doutrina". E o rei disse: "Ó, artificiosíssimo Thot, uma coisa é a habilidade de gerar as artes, outra julgar qual vantagem ou dano possa derivar a quem servirá. E, agora, tu, como pai das letras, na tua benevolência para com eles [os homens], afirmaste o contrário daquilo que podem. As letras, de fato, dispensando os homens do exercício da memória, produzirão o esquecimento na alma daqueles que as aprenderam, como aqueles que, confiando na escrita, recordarão por meio destes sinais exteriores, não por si, por um seu esforço interior. Tu, pois, encontraste um remédio que serve não à memória, mas à reminiscência".

Ora, este trecho poderia perfeitamente ser aplicado por Laozi a Confúcio. E Laozi defende, sem titubear, a volta ao tempo em que não havia a escrita, no capítulo 80, onde está expressa a utopia taoísta:

使人復結繩而用之
Oxalá o povo voltasse ao uso dos quipos

Os quipos eram as cordas que se usavam nos dedos para lembrar-se de algo, antes da escrita. Então o que Laozi propôs é que se voltasse ao estágio anterior à escrita.

Essa posição de Laozi teve grandes implicações na cultura chinesa. Apesar da tendência confucionista ter sido, indubitavelmente, a predominante, a tendência taoísta teve sua contraparte. Por exemplo, o budismo, que na Índia deu ensejo a grandes sistemas especulativos, teve na China, na sua versão *Chan* 常, (*Zen* em japonês), um corte completo de todo o quadro de referência budista.

Como paralelo, e na mesma direção, coloquemos um texto de outra autoridade do sistema taoísta, Zhuangzi (c.369–c.286 a.C.), do capítulo 4 de sua obra, intitulado *O mundo do homem*:

聞以有翼飛者矣,
未聞以無翼飛者也;
聞以有知者矣,
未聞以無知者也.

Tu sabes de seres alados que voam, ainda não ouviste dos que voam sem asas; tu sabes de homens que são sábios pelo saber, não sabes ainda de como se é sábio sem o saber.

CRÍTICA DA MORAL

A tradição nos diz que Laozi foi extremamente piedoso. O texto também o confirma:

聖人常善救人
o homem santo sempre bom em salvar os homens (27)

No capítulo 18, há uma crítica às virtudes confucionistas. Para Confúcio, a nobreza humana devia ser cultivada para que suas forças emergissem, suas virtudes. O amor filial era fundamental, porém, deveria ser cultivado. Assim era extremamente útil refletir e procurar os princípios que norteiam o comportamento humano. E é justamente isso que Laozi critica.

Quando o curso reflui, quando não se está mais ligado ao princípio, despontam as virtudes humanas, irrompem o amor humano e a justiça. Quanto à sabedoria e ao discernimento ou o "filosofar" sobre a moral, isso é a origem do "farisaísmo":

慧智出有大偽

sabedoria e crítica afluem surge a grande hipocrisia.

Percebe-se que em todas as dimensões da existência, a posição de Laozi é a mesma.

O não-bom surge exatamente quando se procura discernir o que faz com que o bem seja bem, como está no capítulo 2.

A piedade filial, o *Jiao* 孝, foi a base de todas a virtudes do confucionismo. O *Tratado da piedade filial* passou a integrar os livros considerados canônicos do confucionismo. No capítulo 1 desse tratado se define:

夫孝德之本也,
教之所由生也.

Eis que o amor filial é o fundamento de toda a virtude e a nascente de toda a civilização

Pois bem, Laozi precisa no capítulo 18 que:

六親不和有孝慈

os vínculos familiares discordam surgem os deveres filiais e paternais

A regulamentação e legislação dos deveres é posterior à existência de seu não-cumprimento.

Poderíamos dizer que esse é o processo normal. A lei é externa e só se torna imposta por uma autoridade externa quando o homem não segue mais sua lei interna. Essa tensão entre o moral e o jurídico é geradora do próprio universo jurídico. Como surgiu essa ruptura? Aqui não há resposta. No caso de Laozi, o direito instituído será fator de agravamento dessa ruptura.

No capítulo 38, há uma ampla exposição da ética de Laozi. A virtude superior é a própria ação do curso na vida humana; sem que se faça nada, se realiza o todo.

A virtude humana ou as forças de que o homem dispõe para obrar o bem, surgem quando se perdeu o curso. O amor humano, a virtude tão cultivada no confucionismo, tem destaque em sua qualificação de superior. Ela é suprema na ordem da atuação humana: o homem age não porque o mandam, mas porque quer fazer o bem, ao passo que na justiça superior é feito o bem apenas por obrigação.

No caso do rito, também básico no confucionismo, temos outra crítica contundente, indicando que ele se impõe com a força. O rito, *Li* 禮, indicava, no confucionismo, tanto padrões de conduta quanto o uso adequado dos veículos materiais mediante os quais são garantidos os valores morais. Para Confúcio, era muito importante cuidar das ações externas, para que o interno fosse convenientemente expresso. Daí, o valor pedagógico conferido à literatura como arte da expressão adequada. Tudo isso é refutado por Laozi.

No capítulo 20, há ironia quanto ao uso de expressões de polidez. Dizer simplesmente "sim", ou dizer com delicadeza "pois não", qual seria a diferença?

Na célebre questão de a virtude pode ser ensinada, claro está que, em Laozi, não aconteceria de um homem ensinar virtude a outro homem não virtuoso por meio da palavra e por tratados de moral:

為學日益，為道日損，
損之又損以至於無為.

No estudo dia a dia se cresce; no curso dia a dia se decresce, decrescendo a mais decrescer até chegar ao não-atuar. (48)

O homem não deve atrapalhar ou impedir a ação do curso. No capítulo 54, também se indica o cultivo do curso no coração do homem, onde tudo se encontra. No capítulo 67, Laozi apresenta suas três joias: a misericórdia, a temperança e a não competição:

人之所教我亦教之,
強梁者不得其死,
吾將以為教父.

a tradição dos homens eu também transmiti os violentos não alcançam sua morte [natural]. Eu o considerarei o pai [gerador] da doutrina.
(42)

O amor humano, inferior, é desvalorizado. No capítulo 5 diz-se que o céu e a terra, bem como o homem santo, não amam como o comum dos homens; no entanto, no capítulo 79, diz-se que o curso do céu sempre fica com o homem bom.

Terminemos este segmento com uma paráfrase do capítulo 21:

As feições da virtude superior são expressão do curso supremo. Ele é tão claro em seu mistério. É incompreensível e inapreensível! Mas nele há o seu reflexo [imagem], nele há o ser, nele há vida. Esta vida é pura. É a verdade. Nele está a fidelidade. Desde todo sempre até hoje seu nome não muda, excogitando [desde todo sempre] o surgir de tudo. Como sei o modo de tudo surgir? Pelo Dao *aqui [em meu interior].*

CRÍTICA DA SOCIEDADE

Aqui temos uma das chaves hermenêuticas para compreendermos o pensamento de Laozi, bem notada por Joseph Needham,[13] que aponta uma das origens do taoísmo na oposição entre o *Dao* da natureza e o *Dao* da sociedade humana, procurando caracterizar uma oposição entre o conhecimento natural e o literário. Esta tendência norteou o taoísmo posterior, mas não a vocação mística de Laozi. Ainda que a disposição de anacoretismo tão criticada pelos confucionistas deva ser en-

---

13. Joseph Needham, *Science and Civilization in China*, Cambridge, Cambrigde University, vol. 2, pp 33-164.

tendida como cenobitismo, isto é, não uma vida de ermitões, mas uma vida em pequenas comunidades.

Foi muito discutida a diferença entre a vida e a organização social em comunidades e em sociedades complexas. Antes do surgimento do Estado, com sua estrutura de governo separada e regendo a sociedade, o homem vivia em comunidades. Ainda hoje as tribos são constituídas por pequeno contingente de pessoas. Sempre em número reduzido, as pessoas conhecem-se e interagem mutuamente. Aumentando o número, há uma ruptura, e não é mais possível manter a mesma organização social.

Podemos caracterizar três tendências na China:

1. o confucionismo transpondo os valores éticos e sociais da vida comunitária para a sociedade complexa;

2. o taoísmo colocando na própria complexidade da sociedade a sua ingovernabilidade e deficiência e propondo a volta à vida comunitária;

3. finalmente, o legismo concordando com o taoísmo no que se refere a que os valores comunitários não podem ser transplantados para a sociedade complexa, discordando, entretanto, ao defender que é a única sociedade que existe depois de um certo desenvolvimento, e que cabe regê-la de modo inteiramente diferente do modo comunitário; é o legismo que vai promover o direito positivo, o direito do Estado sobre a sociedade civil.

Deve-se dizer que no *Dao De Jing*, quando se considera a existência de estruturas sociais complexas, inevitáveis, procede-se também de acordo com o possível. É o caso da guerra. Em último caso, quando todos os outros meios tiverem sido esgotados, e quando se tem totalmente razão, aí, a guerra é defensiva.

Assim, no capítulo 30, vemos que não se deve agredir ninguém pelas armas. Quando é possível se defender, basta. Não tripudiar na vitória. E no capítulo 31, diz-se que a vitória militar se comemora com o rito fúnebre.

Também, no capítulo 31, temos um modelo ideal de império. Havendo império, que seja um imperialismo de misericórdia, de humildade e de caridade. É conveniente que o grande reino fique abaixo do pequeno para assimilá-lo. Essa união de todos sob o céu não é incompatível com a vida comunitária, pelo contrário.

O ideal de vida comunitária, a chamada utopia taoísta, está expressa no capítulo 80, que apresentamos aqui em paráfrase:

O ideal é um pequeno reino com pouca gente. Quando tiver herdado instrumentos de trabalho que fazem o serviço de dez ou mesmo de mil trabalhadores, serão postos de lado. O seu povo temerá a morte, e não irá para longe. Se tiver barcos e carroças, estes não serão usados, já que não haverá quem queira viajar. Se tiver armas, não haverá quem as use. As pessoas voltarão ao sistema dos nós nos dedos. Gostarão de seus trajes simples, gostarão do sossego e das casas em que moram, e apreciarão os seus hábitos e costumes.

As aldeias vizinhas estarão à vista. É possível ouvir o cantar dos galos e o ladrar dos cães, de um e do outro lado. Mas as pessoas morrerão de velhice, sem pensarem sequer em ir de um para outro lado.

CRÍTICA DA SABEDORIA

Em muitas traduções e interpretações é minimizada a crítica à sabedoria, quer por traduzirem a palavra *Zhi* 智, "sabedoria", por outras, quer por a interpretarem em seu sentido de esperteza. Quando dizemos que alguém é "sabido", estamos usando "sabido" no mesmo sentido em que se diluiria a crítica de Laozi. Não há, no entanto, tal possibilidade, posto que a crítica de Laozi é bem mais radical. Melhor seria, no entanto, a oposição entre a sabedoria humana e a sabedoria divina, no contexto cristão, a partir de São Paulo, em que uma é para a outra loucura. Laozi, entretanto, nem admite o uso analógico do termo "sabedoria". Quando, porém, não há perigo de confusão, então é possível falar de sabedoria do *Dao*. Vejamos alguns exemplos:

使夫知者不敢為也.
não deixe pois o sábio [intelectual] ousar atuar (3)

Deve-se ressaltar que tanto para Confúcio quanto para Laozi, o sábio indica sempre a perfeição moral e não a intelectual. Em Confúcio, esta se dá sempre em função daquela; em Laozi, uma atrapalha a outra:

明白四達能無為乎.
é possível estar iluminado nos quatro quadrantes sem nenhum saber! (10)

Percebe-se a radicalidade ao dizer como o saber não convém. Teríamos, assim, que nos exprimir por paráfrases: "é possível, plenamente iluminado pela sabedoria divina, conhecer diretamente o mundo criado sem nenhuma mediação do saber humano, inclusive e principalmente o nosso saber".

Quando o contexto não é de confronto entre a sabedoria humana e a sabedoria do *Dao*, não há essa radicalidade contra o saber.

知人者智, 自知者明.
quem conhece o outro é sábio, quem conhece a si mesmo é iluminado (33)

不出戶知天下
sem sair de casa, conhece-se o mundo (47)

Via mística do conhecimento: deixar ser, agir, conhecer, exclusivamente pelo *Dao*, renunciando o ato de ser, agir e conhecer por si, permitindo ainda que seja.

Recordemos que nos capítulos 19 e 20 há uma explícita recusa da sabedoria: ao rejeitar a sabedoria o povo é cem vezes beneficiado; ao renunciar ao estudo, foram-se todas as inquietações.

Tendo sido Confúcio o sábio por excelência na China, por maior adesão, e Laozi, o crítico à figura do sábio, é necessário comparar o conceito de sabedoria em ambos.

A sentença capital de Confúcio é:

知之為知之, 不知為不知.

O que se sabe, saber que se sabe; o que não se sabe, saber que não se sabe.[14]

A sabedoria apresenta-se na consciência do saber e do não-saber, valorizando o saber que se sabe como saber.

Em Laozi (62), o sublime é saber não saber. A sabedoria humana deve ser transcendida e aniquilada.

Em Confúcio, o saber é mediador da ação moral; em Laozi, essa mediação é criticada, como expresso no pensamento de Confúcio:

篤信好學, 守死善道.

Com toda sinceridade ame o estudo; guarde até a morte o curso do bem.[15]

Poderíamos contrapor: com toda sinceridade desconheça o estudo e guardarás sempre o curso do bem.

Terminemos este segmento com uma paráfrase do capítulo 10:

Conseguir com que a alma terrestre e a celeste não se separem, que se regule a respiração como num recém-nascido, que se limpe o espelho místico até ficar sem mácula [eliminar os entes de razão cristalizados em teu intelecto], que se ame a nação e reja o povo sem interferir, que ao abrir-se e fechar-se a porta do céu, atue como uma mãe-pássaro [a qual está em ritmo com as estações, prepara seu ninho e alimenta suas crias], que se mantenha iluminado nos quatro quadrantes do mundo sem nenhum saber; ao gerar e criar, gerar sem possuir, atuar sem depender, presidir sem controlar, diz-se virtude mística.

A CRÍTICA DA POLÍTICA

A crítica da política é uma consequência da crítica da sociedade. Não admitindo a sociedade complexa em princípio,

---

14. Confúcio, *Analectos*, São Paulo, Martins Fontes, cap. 2, 17.
15. Confúcio, *Analectos*, *Op.cit.*, cap. 7, 13a.

não se admite o Estado. No entanto, não é como no anarquismo, que se quer uma sociedade complexa sem que seu governo seja feito por um órgão à parte. Também se distingue do anarquismo moderno pela violência. Laozi vê que contra a violência institucionalizada a não-violência seria a principal estratégia.

Os textos a esse respeito são vários (36, 76, 77): "suavidade vence violência" ou "o flexível e o fraco vencem o duro e o forte" 柔弱勝剛強. No capítulo 75, é evidente a crítica aos governos. Se o povo está com fome, desgovernado, niilista, é por causa dos governantes. No capítulo 53, é descrita a vida dos governantes com seu luxo e esplendor.

Agora, em um ponto bastante crítico (3), é dito que o governante deve manter o povo na ignorância. É preciso notar que o sistema de Laozi vale para a comunidade. Manter tais valores na sociedade complexa é criar aberrações sociopolíticas. Neste sentido, as ideias de Laozi, quando aplicadas *a posteriori*, foram sempre a base de todos os sistemas ditatoriais chineses. Não é de se estranhar que o legismo, ideologia que conseguiu a unificação da China em 231 a.C., baseava-se no taoísmo. O maior pensador legista, Han Feizi 韓非子 (280-234 a.C.), foi, por exemplo, o primeiro comentador do *Dao De Jing* de que temos notícia e escritos.

Nos capítulos 3 e 5, é indicado ao príncipe como governar: dê ao povo comida, jogos, trate-o sem sentimentos, como cães-de-palha, deixe-o na ignorância, não deixe surgir os intelectuais e o domínio será perfeito. De fato, esses textos agradavam governantes.

No capítulo 17, há a história dos governantes. Na antiguidade, nem se sabia que existiam, depois foram admirados, depois temidos e finalmente desprezados.

A autoridade natural, baseada apenas nas qualidades naturais, a chamada autoridade carismática, deu lugar à autoridade de investidura. A primeira é típica da sociedade tribal. A segunda, da sociedade estatal. Não há necessidade de diploma, de carimbo, de autoridades instituídas, reconhecendo e conferindo mérito público a outras autoridades. Descreve-se assim, nesse capítulo, a passagem da autoridade natural à autoridade de investidura, paralela à passagem da comunidade à sociedade complexa. Um diploma numa comunidade não tem sentido, já que todos conhecem quem é quem; já na sociedade complexa, a autoridade natural geralmente é substituída pela investidura, bem abaixo dos méritos e das capacidades que lhes são atribuídos. Laozi diz, no entanto, que no fim do ciclo, são desprezadas e vilipendiadas. É descrito um ciclo de decadência. Quanto mais se complicam as relações humanas, tanto mais decaem os valores humanos.

Agora, admitindo-se a sociedade complexa, então o governo deverá ser não-atuante. No capítulo 57, diz-se de um santo governante do passado que, não atuando, o povo mudou por si mesmo, não se ocupando, o povo enriqueceu por si mesmo. No capítulo 17, os famosos governantes do passado, dos quais nem se sabia que existiam — os verdadeiros autores (autoridades) da ordem social não aparecem — quando realizavam suas obras, tudo decorria bem, e as cem famílias (novamente o ideal do pequeno reino) atribuíam a si mesmas a autoria (autoridade) social.

Aqui temos um ótimo exemplo para ilustrar a via média entre o ativismo e o passivismo. O governante ativo, atuante, agente político e econômico, autor da ordem social, simplesmente, não convém, mas o governante passivo, omisso, deixando todos fazerem o que quiserem, também não.

É o governo do deixar-fazer, deixar não passivamente, mas por intermédio, isto é, dar condições para fazer. O modelo não é o da indústria mecanizada, mas, da agricultura. Não somos nós que fazemos a planta crescer, mas sim a natureza. Porém, cabe-nos dar à natureza as condições de crescimento. A ideia é dar condições para que algo surja, o que se torna mais difícil do que o ativismo. Ajudar sem aparecer. É o processo que Laozi considera natural.

No capítulo 39, refere-se aos governantes que se intitulam humildes, pois estes valores são publicamente aceitos, embora, de fato, sejam apenas títulos.

Terminemos esse segmento com uma paráfrase do capítulo 58 que o ilustra bem:

Quando o governo é velado e não aparente, então o povo se desenvolve; quando o governo é ativista, o povo se aliena. Oh! a infelicidade! é o abusar da felicidade. A felicidade! é a infelicidade que se supera! Quem é que conhece os limites de uma e de outra? Quando estamos sem ordem, o que é normal passa por anormal; o que é bom passa por extravagante. A ilusão e o desnorteamento do homem estão durando e durando... Por isso, o homem santo ordena sem comandar, determina sem isolar, corrige sem prejudicar e ilumina sem ofuscar.

A CRÍTICA DA TÉCNICA

Para entender a crítica "arcaizante" de Laozi, é preciso, ainda que de maneira sumária, esclarecer alguns conceitos.

Se distinguirmos entre ciência e técnica, como separamos saber e ação, considerando a ciência humana como o conjunto de conhecimentos, sistematizados ou não, que o homem tem da realidade em que está inserido, e a técnica como o conjunto dos processos pelos quais o homem age, conserva e transforma sua própria realidade, a relação entre os dois conceitos se torna um problema relevante.

Primeiro, contemplamos o mundo e depois agimos, ou primeiro agimos e depois contemplamos o mundo? Segundo a moderna psicologia, principalmente Piaget, os esquemas perceptivos são precedidos pelo sensório-motor, como inteligência prática, pois primeiro manipulamos o mundo, para depois construirmos nossos esquemas perceptivos. Antes aprendemos a escrever os ideogramas e só depois os reconhecemos na leitura. Do mesmo modo, poderíamos dizer que entre ser a técnica ciência aplicada ou ser a ciência a indústria teorizada, parece ser verdadeira a última — talvez uma concepção média.

Observemos com a lupa a seguinte sentença do capítulo:

己閱眾甫
e assim examina o surgir de tudo

O ideograma *Yue* 閱, que significa "ver, parada, contar, comparar, inspecionar, inspeção, examinar, revista, experiência, passar em revista, passar pela experiência de, controlar, ler, passar por, atravessar, serviço etc.".[16] Assim, as coisas afluem e o *Dao* as examina e perscruta constantemente.

Temos então um esquema completamente inverso ao platônico, em que o Demiurgo contempla as ideias e depois produz algo sempre inferior a elas. Para Laozi as coisas surgem e depois são contempladas, não importando se o *Dao* é ou não criador. Ainda que nos dois casos se trate de um ato único, ao ser analisado, a preeminência ontológica recai para o platonismo na contemplação e para o taoísmo na ação.

Também na Bíblia, antes foi feita a luz e depois Deus viu que era boa: "E disse Deus: 'Faça-se a luz.' E foi feita a luz. E viu Deus que a luz era boa". (Gênesis 1, 3–4)

O que chamamos modernamente de tecnologia (*logos* da técnica) implica uma ciência da própria técnica, a concepção do platonismo: inventam-se as ideias e montam-se as máquinas, os aparatos e os dispositivos.[17]

Assim, ao conceito clássico de técnica, como deixar irromper o ser, cultivar o ser, temos o moderno conceito de tecnologia como montagem e fabricação das ideias, como no platonismo.

No capítulo 74, ao se dizer que quando o povo não teme a morte, por não ter mais consciência de suas consequências, e

---

16. Para cada ideograma do *Dao De Jing* foi feita uma pesquisa semelhante, consultando os principais dicionários chineses e estrangeiros.

17. Heidegger também critica essa concepção, como a ilusão do Ocidente, de que a tecnologia seja ciência aplicada: "Como a essência da técnica moderna baseia-se no dispositivo [*Gestell*], então este necessita aplicar a ciência exata da natureza. Daí, origina-se a aparência enganadora de que a técnica moderna seja ciência natural aplicada. Martin Heidegger, *Die Technik und sie Kehre*, Neske Verlag, 1962, p 23.

assim não dando valor à vida, estamos no caos social. Mas se o povo temesse e respeitasse a morte, então a questão seria a de como executar o "criminoso". Mas o estranho é que o "criminoso" é indicado pelo mesmo ideograma *Qi* 奇 que aparece no capítulo 57. Ora, esse ideograma significa "extraordinário, estranho, desconcertante, maravilhoso, surpreendente". Quer dizer que da mesma maneira que no capítulo 57 fala-se do homem hábil e engenhoso para conduzir as armas, aqui o criminoso, que deverá ser condenado à morte, é o homem engenhoso, hábil, inovador e inventor; justamente aquele que não se pauta pela regularidade (57). É o transformador e inovador da ordem social, o inventor técnico que deve ser eliminado.

O lenho tosco sem nome, símbolo da natureza não trabalhada e nem pensada e analisada, portanto, sem nome, representa a negação de todo o artificial, de todo o que passa pela cultura do homem. Posteriormente, até a domesticação dos animais foi reprovada como antinatural.

No capítulo 28, diz-se que o homem santo permanece lenho tosco, isto é, permanece em seu natural. Por isso tem domínio sobre os técnicos. É como se o domínio da técnica, a relação livre com o mundo da técnica, devesse ser feita pelo não-técnico como uma grande regência não faz cortes e não se especializa.

No capítulo 32, o mesmo tema ocorre novamente. É preciso parar a especialização. No capítulo 37, o lenho tosco sem nome é o Estado em que se supera a gula do mundo, a voracidade de englobar o mundo.

Mas o capítulo mais importante para a questão é o capítulo 53.

O grande dicionário chinês[18] indica que a expressão *Jie Ran* 介然 indica "grande" ou "teimoso". O sentido, porém, é de um

---

18. Zhong Wen Da Cidian, *Grande dicionário chinês*. Obra publicada em 40 volumes pelo Instituto de Estudos Chineses Avançados. República Popular da China, 1967, vol. 2, p 782.

saber especial, todo meu, que se estrutura como uma carapaça, um dos sentidos do ideograma *Jie*.

Poderíamos, assim, parafrasear a primeira estrofe do capítulo 3: "se alguém tiver um saber todo meu, especial, e quiser agir conforme a ordem do grande curso, então, só temeria pô-lo em prática." Em outras palavras, se um político incompetente estivesse no poder, então o melhor seria que nada fizesse. Mas terá que mostrar serviço, e isso é terrível. Pela sequência do capítulo, é possível aferir que tudo deveria ser simples, mas pela necessidade dos governantes executarem seu saber, seus projetos de governo, tudo desanda. Não é a ordem natural.

O terrível não é o saber especializado, o terrível é que esse deverá ser concretizado.

Todos reclamam que se "deve mostrar" serviço, e é justamente isso que é terrível para Laozi. Temos aqui o sentido de técnica como algo natural. A natureza é técnica: ao homem cabe deixar surgir, deixar vir a ser. Para isso, é preciso excluir o saber inventivo, o saber do indivíduo genial, o criminoso da ordem social, segundo Laozi, o que compreende também o pensamento técnico, calculador e numerante:

多言數窮
muitas palavras e números o limitam (5)

Terminemos este segmento com uma paráfrase do capítulo 53:

Se eu dispusesse de um saber especializado, e quisesse reger-me pela ordem natural das coisas, o que temeria é ter que efetuar este saber.

O grande curso é direto, mas as pessoas gostam dos desvios.

A corte está muito bem cuidada e limpa, mas os campos estão abandonados e com muito mato, e os celeiros estão bem vazios.

As pessoas da corte andam vestidas com seda floreada de letrados, portam espadas afiadas, comem e bebem em grande quantidade, tem bens e riquezas em profusão. Isto é o que se chama roubalheira. Não é certamente o que seria normal e natural segundo o curso das coisas.

CRÍTICA DA ECONOMIA

Aqui também se trata da economia mais simples possível, economia tribal, de comunidade, limitando-se ao essencial para a sobrevivência. O ideal da pobreza comunitária.

Enquanto na miséria faltam até os bens de subsistência, na pobreza há apenas os bens estritamente necessários para a sobrevivência material. Não há renúncia ao supérfluo, há libertação do supérfluo. Assim, no capítulo 3, as primeiras três sentenças apregoam o contrário da sociedade de consumo: a não-competição, a não-valorização dos bens custosos e do luxo, e a não criação de novas necessidades e desejos.

A própria natureza provê: "dignificando a mãe nutriente" (20). O homem não deve alimentar desejos distantes: "o homem santo sendo entranhas não olhos" (12).

No capítulo 46, a sentença final esclarece:

知足之足常足矣
sabendo bastar-se ao que basta sempre basta

Critica-se sempre o supérfluo (29), as riquezas da corte (53), o saber bastar-se (33). Nem falar em dinheiro como mediador das trocas. Essas podem ser reduzidas a funções puramente econômicas, como troca de presentes.

No capítulo 80, ao não admitir instrumentos que substituam o trabalho humano, todos devem estar integrados no seu trabalho. Para terminar, apresentemos a paráfrase do capítulo 75:

Se o povo tem fome, é porque os seus superiores o exploram demasiadamente com impostos; se o povo se torna ingovernável, é porque os seus superiores atuam demasiadamente em suas vidas; se o povo trata com leviandade a morte, é porque os seus superiores buscam viver a vida em toda a sua intensidade.

Eis que o mais prudente e virtuoso é deixar sua vida correr o curso natural do que procurar aperfeiçoá-lo.

CRÍTICA DO REINO DO HOMEM

Procuramos mostrar que nos vários segmentos da vida humana, Laozi critica o empreendimento humano de criar um reino humano artificial, por meio do progresso. Para dar um exemplo ilustrativo, consideremos três tipos de paraíso:

1. O paraíso terrestre natural, um parque vegetal e animal;

2. A cidade construída pelo homem em seu último e perfeito acabamento;

3. A cidade de Deus, a Jerusalém celeste do Apocalipse de São João (21, 2).

Quanto à Jerusalém celeste, preparada por Deus para morada definitiva do homem integrado a toda a criação, claro que não há cogitação; quanto à cidade construída pelo homem, esta é a alienação; quanto ao paraíso vegetal e animal, é este o que Laozi aspira.

Esta volta ao paraíso inicial perdido, esta volta ao campo, este retorno à natureza, foi sempre um ideal norteador da cultura chinesa, intensificado pela própria obra de Laozi e de outros taoístas.

O que não se explica é como se passou de um estado a outro, de como se passou de uma vida integrada à natureza a uma vida em cidades construídas pelo homem, além de não considerar tais atividades como naturais ao homem.

No capítulo 2, diz-se que para o homem santo, o homem que segue o curso natural, o não-atuar, tudo acontece perfeitamente. As coisas surgem sem que haja impedimentos, nascem sem que haja a necessidade da posse, atuam sem criar nenhuma relação de dependência. O próprio homem santo realiza a obra, atua sem atuar, não se prende à obra, e esta permanece, é fecunda.

No capítulo 37, diz-se que no estado natural, no estado de lenho tosco sem nome, nada se deseja, e então o mundo se estabiliza.

Laozi critica o ato de viver apartado do princípio, o pensamento e a moral especulativa, o saber e a sabedoria, a sociedade complexa, o governo ativo, a técnica como tecnologia, a economia que produz bens além das necessidades estritamente naturais, enfim, tudo aquilo que compreende a iniciativa humana. É um pensamento em que o homem não está no centro. Sua proposta é o retorno ao estado em que o homem não "inventava".

Terminemos este último segmento com a paráfrase do último capítulo (81):

Palavras fiéis e verdadeiras não agradam a ninguém, as palavras melífluas não são dignas de confiança.

Aquilo que é verdadeiramente bom, não se discute, é evidente por si; o que é discutível em si não é nada bom.

O verdadeiro saber não é múltiplo e extensivo; o saber múltiplo e analítico não faz saber.

O homem santo nunca acumula bens; quanto mais faz o bem aos outros tanto mais tem para si; quanto mais dá para os outros tanto mais cresce em seu ser.

O curso do céu sempre beneficia e não prejudica em nada; o homem santo atua sem competir com ninguém.

NOTA SOBRE A TRADUÇÃO

Esta tradução foi trabalhada a partir do texto chinês e comparada com versões em chinês moderno e em línguas ocidentais.

O texto original foi-nos legado com algumas variantes, certas correções nem sempre necessárias, significação incerta de alguns ideogramas, alternativas quanto à pontuação, além do árduo entendimento do texto e da intrincada trama do contexto sociocultural.

A proposta é uma tradução literal, sempre que possível,

sem fixar muitos sentidos aparentemente vagos nem dissipar a ambiguidade de certas passagens.

As notas dispostas ao fim do livro são reduzidas, fragmentárias. Do mesmo modo, muitos temas foram apenas delineados e se restringem às principais questões, a fim de que as passagens se tornem mais claras por si. Nas notas, foram considerados tanto autores orientais ou ocidentalizantes quanto alguns filósofos ocidentais, principalmente Hegel e Heidegger, que tratam explicitamente de Laozi. E isso porque hoje se constata uma tendência por parte da autores chineses e hindus a entretecer no urdume do pensamento oriental a trama da filosofia ocidental.[19] Que o texto seja pensado seguindo o curso de Laozi: pensar livre de suportes e pressupostos do próprio pensar.

A TRADUÇÃO DA PALAVRA «DAO»

Muitos traduzem a palavra *Dao* por termos abstratos, outros nem a traduzem.

Provavelmente a palavra Weg (caminho, curso, rota, via, passo, estrada, trajeto) é uma palavra primordial da linguagem que se adjudica ao homem meditativo. A palavra condutora no pensamento poetizante de Laozi soa Dao *e significa propriamente Weg. Uma vez que se representa o curso com muita facilidade e apenas exteriormente como a trajetória que une dois pontos, considerou-se muito apressadamente nossa palavra* curso *inadequada para nomear o que o* Dao *diz. Traduziu-se, portanto,* Dao *por razão, espírito, sentido,* logos.

Todavia poderia ser o Dao *o curso movente de tudo (o que deixa tudo chegar), de onde poderíamos pensar propriamente o que razão, espírito, sentido,* logos *possam dizer a partir de sua própria essência. Talvez se oculte na palavra* curso *(*Dao*) o segredo de todos os segredos do dizer pensante, caso nós deixemos esse nome retornar ao seu indizível e possibilitemos esse deixar. Talvez a enigmática força do domínio contemporâneo do método provenha até mesmo e justamente de serem métodos, sem prejuízo de sua força executiva, apenas os desaguadores*

---

19. Basta lembrar que Fung Yu-lan, o célebre historiador da filosofia chinesa, foi fortemente influenciado por Hegel.

de uma grande corrente oculta do curso que permite que tudo chegue e que abre o rumo a tudo. Tudo é curso.[20]

Preferimos traduzir, em português, *Dao* por "curso" e não por "caminho" porque, além de ser derivado de um verbo tão fundamental quanto "correr", ter formado o verbo "cursar", haver tantas palavras relacionadas (correr, incorrer, decorrer, percorrer, recorrer, transcorrer, escorrer, curso, percurso, discurso, cursar, discursar etc.), tem a palavra *Dao*, em chinês, fora esse significado, também o de "dizer", e isso equivale ao par "curso" e "discursar" ou "discorrer". Se não bastassem essas razões, é preciso destacar que a água é uma das imagens preferidas do *Dao De Jing*. Alan Watts escreveu um livro com o título insinuante de *Dao: A via do curso aquático*[21]

---

20. Martin Heidegger, *Unterwegs zur Sprache*, Neske Verlang, p 198.
21. Alan Watts, *Tao: The Watercourse Way*, New York, Pantheon Books, 1975.

O livro do curso

道可道，
非常道。
名可名，
非常名。
無名天地之始。
有名萬物之母。
故常無欲以觀其妙。
常有欲以觀其徼。
此兩者同出而異名，
同謂之玄。
玄之又玄，
眾妙之門。

1.   O *Dao* em sua constituição | 體道 Ti Dao

o curso que se pode discorrer   não é o eterno curso
o nome que se pode nomear   não é o eterno nome

imanifesto   nomeia a origem do céu e da terra
manifesto   nomeia a mãe das dez-mil-coisas

portanto

no imanifesto   se contempla seu deslumbramento
no manifesto   se contempla seu delineamento

ambos...   o mesmo saindo com nomes diversos
            o mesmo diz-se mistério

mistério que se renova no mistério...
porta de todo deslumbramento

天下皆知美之為美，
斯惡已；
皆知善之為善，
斯不善已。
故
有無相生，
難易相成，
長短相形，
高下相傾，
音聲相和，
前後相隨。
是以聖人處無為之事，
行不言之教。
萬物作焉而不辭。
生而不有，
為而不恃，
功成而弗居。
夫唯弗居，
是以不去。

2. Cultivar a pessoa | 養身 Yang Shen

sob o céu
conhecer o que faz o belo belo   eis o feio!
conhecer o que faz o bom bom   eis o não-bom!

portanto

o imanifesto e o manifesto   consurgem
o fácil e o difícil   confluem
o longo e o curto   condizem
o alto e o baixo   convergem
o som e a voz   concordam
o anverso e o reverso   coincidem

por isso
o homem santo   cumpre os atos sem atuar
                              pratica a doutrina sem falar

as dez-mil-coisas   operam sem serem impedidas
                              nascem sem serem possuídas
                              atuam sem serem dominadas

concluída a obra   ele não se atém
e só por não se ater   ela não se esvai

不尚賢，
使民不爭。
不貴難得之貨，
使民不為盜。
不見可欲，
使民心不亂。
是以聖人之治，
虛其心，
實其腹，
弱其志，
強其骨；
常使民無知、
無欲，
使夫智者不敢為也。
為無為，
則無不治。

3. Pacificar o povo | 安民 An Min

não primando os bons   o povo não compete
não prezando bens custosos   o povo não aladroa
não exibindo o desejável   seu coração não erra

por isso o governo do homem santo

esvazia os corações
sacia as entranhas
enfraquece as vontades
vigora os ossos
nunca deixa o povo com saber e desejos
não deixa o sábio ousar atuar

atuando o não-atuar então não há desgoverno

道沖而用之或不盈。
淵兮似萬物之宗。
挫其銳
解其紛，
和其光，
同其塵，
湛兮似或存。
吾不知誰之子，
象帝之先。

4.

o curso é um vaso vazio
o uso nunca o replena

abismal!
parece o progenitor das dez-mil-coisas

abranda o cume
desfaz o emaranhado
harmoniza a luz
congloba o pó

profundo!
parece algo lá existir

eu não sei de quem é filho
afigura-se o anterior do ancestral

天地不仁，
以萬物為芻狗。
聖人不仁，
以百姓為芻狗。
天地之間，
其猶橐籥乎？
虛而不屈，
動而愈出。
多言數窮，
不如守中。

5. Eficácia do esvaziar-se | 虛用 Xu Yong

o céu e a terra são sem amor humano
consideram as dez-mil-coisas cães-de-palha

o homem santo é sem amor humano
considera as dez-mil-coisas cães-de-palha

o vão entre o céu e a terra...
como se parece a um fole!

mas esvazia-se sem se contrair
move-se e ainda extravasa!

muitas palavras e números o limitam
melhor guardá-lo no íntimo

谷神不死
是謂玄牝。
玄牝之門
是謂天地根。
綿綿若存，
用之不勤。

6.   Formar imagem | 成象 Cheng Xiang

o espírito do vale não morre
diz-se místico feminino

a porta do místico feminino
diz-se raiz do céu e da terra

suave e multíflua

parece lá existir
contudo opera fio a fio

天長地久。
天地所以能長且久者，
以其不自生，
故能長生。
是以聖人後其身而身先，
外其身而身存。
非以其無私邪！
故能成其私。

7. Sombrear a luz | 韜光 Tao Guang

o céu dura   a terra perdura
céu e terra   duram que duram

por não viverem para si
eis porque podem viver eternamente

por isso o homem santo

ficando atrás   sobressai
ficando fora   persiste

não será por não ter nada seu?
pode pois realizar o que é seu

上善若水。
水善利萬物而不爭，
處眾人之所惡，
故幾於道。
居善地，
心善淵與善仁，
言善信，
正善治，
事善能，
動善時。
夫唯不爭，
故無尤。

8. Índole fácil | 易性 Yi Xing

o bem supremo é como água

água...   apura as dez-mil-coisas sem disputa
          habita onde os homens abominam

por isso abeira-se ao curso

morar   bom é onde
coração   bom é profundidade
doar   bom é amor
falar   bom é sinceridade
governo   bom é ordem
serviço   bom é capacidade
movimento   bom é quando

eis que só sem disputa não há oposição

持而盈之不如其己；
揣而銳之不可長保；
金玉滿堂莫之能守；
富貴而驕，
自遺其咎。
功遂身退，
天之道。

9.   Promover a tranquilidade | 運夷 Yun Yi

manter saturando   melhor cessar
seguir aguçando   não vai durar
sala cheia de ouro e jade   não se pode guardar
enfatuar-se com bens e fama por si já dana

concluída a obra   abster-se

eis o curso do céu

載營魄抱一，
能無離乎？
專氣致柔，
能如嬰兒乎？
滌除玄覽，
能無疵乎？
愛國治民，
能無為乎？
天門開闔，
能為雌乎？
明白四達，
能無知乎。
生之，畜之，
生而不有；
為而不恃；
長而不宰，
是謂玄德。

10.   Possibilidades de atuação | 能為 Neng Wei

conseguir:

a alma e o espírito num amplexo inseparável!

regular o sopro maleável como no recém-nascido!

polir o espelho místico até ficar sem mácula!

amar a nação e reger o povo sem atuar!

no vaivém da porta do céu atuar qual mãe-pássaro!

ser iluminado nos quatro quadrantes sem ter saber!

gerar e criar:

gerar sem possuir

atuar sem depender

presidir sem controlar

isto se diz virtude mística

三十幅共一轂，
當其無，
有車之用。
埏埴以為器，
當其無，
有器之用。
鑿戶牖以為室，
當其無，
有室之用。
故有之以為利，
無之以為用。

11.   Uso do imanifesto | 無用 Wu Yong

trinta raios perfazem o meão

no imanifesto o uso do carro

barro moldado faz o jarro

no imanifesto o uso do jarro

talham-se portas e janelas para a casa

no imanifesto o uso da casa

portanto

utilizando-se o manifesto o útil é o imanifesto

五色令人目盲，
五音令人耳聾，
五味令人口爽，
馳騁畋獵令人心發狂，
難得之貨令人行妨。
是以聖人，
為腹不為目，
故去彼取此。

12. Restrição dos desejos | 檢欲 Jian Yu

as cinco cores   cegam a visão do homem

os cinco tons   ensurdecem a audição do homem

os cinco sabores   embotam o paladar do homem

galopes e caçadas frenesiam o coração do homem

bens custosos   obstam as ações do homem

por isso o homem santo

sendo entranhas não olhos

afasta o ali agarra o aqui

寵辱若驚，
貴大患若身。
何謂寵辱若驚？
寵為下。
得之若驚
失之若驚
是謂寵辱若驚。
何謂貴大患若身？
吾所以有大患者，
為吾有身，
及吾無身，
吾有何患？
故貴以身為天下，
若可寄天下。
愛以身為天下，
若可託天下。

13.

Vergonha abominável | 厭恥 Yan Chi

honra e desonra são como o corcel em fuga
avalie grandes aflições como o corpo

porque se diz:
honra e desonra são como o corcel em fuga
a honra eleva a desonra abate
ganhar esta e perder aquela é assustador
por isso se diz:
honra e desonra são como o corcel em fuga

porque se diz:
avalie grandes aflições como o corpo
eu tenho grandes aflições por ter corpo
sem corpo que aflições teria?

portanto

quem avalia o mundo como o corpo
este pode ter missão no mundo

quem ama o mundo como o corpo
este pode ter cargo no mundo

視之不見
名曰夷。
聽之不聞
名曰希。
搏之不得
名曰微。
此三者不可致詰，
故混而為一。
其上不皦，
其下不昧，
繩繩不可名，
復歸於無物。
是謂無狀之狀，
無物之象，
是謂惚恍。
迎之不見其首，
隨之不見其後。
執古之道以御今之有。
能知古始，
是謂道紀。

14.   Louvar o mistério | 贊玄 Zan Xuan

ao olhá-lo   não se vê   o nome soa *yi*
ao escutá-lo   não se ouve   o nome soa *xi*
ao tocá-lo   não se obtém   o nome soa *wei*

este trino não se pode decompor
portanto confundido é uno

seu alto não se alumbra
seu baixo não se assombra

contínuo contínuo...   sem se poder nomear

retorna a não-coisa

isto se diz: forma da não-forma
                       imagem da não-coisa

isto se diz: claroescurecer

ao defrontá-lo   não se vê o rosto
ao segui-lo   não se vê o verso

reintegrando-se ao curso da antiguidade

pode-se reger o presente

poder conhecer a origem da antiguidade
isto se diz: o desemaranhar do curso

古之善為士者，
微妙玄通，
深不可識。
夫唯不可識，
故強為之容。
豫兮若冬涉川；
猶兮若畏四鄰；
儼兮其若容；
渙兮若冰之將釋；
敦兮其若樸；
曠兮其若谷；
混兮其若濁；
澹兮其若海；
飂兮若無止。
孰能濁以靜之徐清。
孰能安以動之徐生。
保此道者不欲盈。
夫唯不盈
故能蔽而新成。

15. A virtude revelada | 顯德 Xian De

na antiguidade os que bem atuavam o curso...
sutilmente sublimes
misticamente penetrantes
tão profundo que incognoscíveis
e só porque incognoscíveis força-se configurá-los

cautelosos!   como a transpor águas hibernais
vacilantes!   como a temer vizinhos dos quatro cantos
reverentes!   como hóspedes
evanescentes!   como gelo a derreter
genuínos!   como lenho tosco
abertos!   como o vale
opacos!   como a água turva

quem pode pelo repouso aos poucos clarear o turvo?
quem pode pelo movimento aos poucos avivar a paz?

quem guarda este curso não quer ficar pleno
e só por não ficar pleno pode recôndito renovar-se

致虛極守靜篤。
萬物並作，
吾以觀復。
夫物芸芸各復歸其根。
歸根曰靜，
是謂復命；
復命曰常，
知常曰明。
不知常，
妄作凶。
知常容，
容乃公，
公乃全，
全乃天，
天乃道，
道乃久，
沒身不殆。

16. Retornando à raiz | 歸根 Gui Gen

atingindo o vazio extremo
conservar-se firme no repouso

as dez-mil-coisas confluindo
eu assim as contemplo no refluxo:

eis que as coisas no florescimento
retornam uma a uma à raiz

o retorno à raiz soa: repouso
isto se diz: retornar ao destino
o retorno ao destino soa: eternidade
conhecer a eternidade soa: alumbramento

não conhecer a eternidade   é tresloucar no azar
conhecer a eternidade   é englobante

englobamento   então justiça
justiça   então mediação
mediação   então céu
céu   então curso
curso   então duração

dissolvendo-se o corpo não periga

太上，
下知有之。
其次親而譽之。
其次畏之。
其次侮之。
信不足焉，
有不信焉。
悠兮其貴言，
功成事遂，
百姓皆謂我自然。

17. Estilo de vida na pureza | 淳風 Chun Feng

a alta antiguidade não conhecia os regentes

tempos depois   eram amados e louvados
tempos depois   foram temidos
tempos depois   são vilipendiados

estes de pouca fé não merecem fé

pensativos!
aqueles sim pesavam as palavras

concluída a obra as coisas decorriam
as cem famílias juntas diziam:
por nós somos o que somos

大道廢有仁義；
慧智出有大偽；
六親不和有孝慈；
國家昏亂有忠臣。

18. A decadência dos costumes | 俗薄 Su Bo

o grande curso reflui...
surge amor humano e justiça

sabedoria e crítica afluem...
surge a grande hipocrisia

os vínculos familiares discordam...
surgem os deveres filiais e paternais

nações e famílias no caos...
surgem os ministros leais

絕聖棄智,
民利百倍;
絕仁棄義,
民復孝慈;
絕巧棄利,
盜賊無有;
此三者,
以為文不足。
故令有所屬,
見素抱樸少私寡欲。

## 19.	Voltar à pureza | 還淳 Huan Chun

não à santidade					fora a sabedoria
o povo é cem vezes favorecido

não ao amor humano				fora a justiça
o povo volta a ser filial e paternal

não ao engenho					fora o ganho
não há roubos					não há assaltos

estas três sentenças são ornamentos
ornamentos não suficientes

deve vigorar pois esta regência

mostrar-se como seda natural
abraçar o lenho tosco
diminuir seus interesses
diluir suas paixões

絕學無憂，
唯之與阿，
相去幾何？
善之與惡，
相去若何？
人之所畏，
不可不畏。
荒兮其未央哉！
眾人熙熙
如享太牢
如春登臺。
我獨泊兮其未兆，
如嬰兒之未孩；
儽儽兮若無所歸。
眾人皆有餘，
而我獨若遺。
我愚人之心也哉！
沌沌兮俗人昭昭。
我獨昏昏；
俗人察察，
我獨悶悶。
眾人皆有以，
而我獨頑且鄙。
我獨異於人，
而貴食母。

20. Diferenciar-se do vulgo | 異俗 Yi Su

não ao estudo
"sim" e "pois não"
bem e mal
o que os homens temem

e foi-se a inquietação
quanto se distinguem?
como se distinguem?
não se pode não temer?

estéril! esse nem sim nem não

a massa efusiva e mais efusiva
como no gozo de um festim sacro
como nos altos a sagrar a primavera

só eu ancorado! nesse ainda sem auspícios...
como recém-nascido antes de se acriançar
marionete! sem para onde retornar

a massa tem o supérfluo
só eu sem quê nem para quê
eu... que coração de idiota
oh! confuso e mais confuso

a gente brilha que brilha
só eu ofuscado e aparvalhado

a gente vibra que vibra
só eu melancólico e mais melancólico
plácido! tal qual o mar
ao vento! como sem lugar

a massa tem com quê
só eu obstinado e tosco

mas só eu diferente dos outros
dignificando a mãe nutriente

孔德之容惟道是從。
道之為物惟恍惟惚。
惚兮恍兮其中有象。
恍兮惚兮其中有物。
窈兮冥兮其中有精。
其精甚真。
其中有信。
自古及今，
其名不去以閱眾甫。
吾何以知眾甫之狀哉！
以此。

21.   Coração oco | 虛心 Xu Xin

os traços da grande virtude só provêm do curso

o curso feito coisa...   tão ofuscante que eclipsa

eclipsado! ofuscante!   em seu interior há imagem
ofuscante! eclipsado!   em seu interior há coisa
isolado! abscôndito!   em seu interior há essência

essa essência... pura verdade
em seu interior há fidelidade

da antiguidade até o presente
seu nome não muda
e assim examina o surgir de tudo

como sei a forma de tudo surgir?
pelo aqui

曲則全,
枉則直,
窪則盈,
敝則新
少則得,
多則惑。
是以聖人抱一,
為天下式。
不自見故明;
不自是故彰;
不自伐故有功;
不自矜故長;
夫唯不爭,
故天下莫能與之爭。
古之所謂:
「曲則全者」
豈虛言哉!
誠全而歸之。

22. Crescer em humildade | 益謙 Yi Qian

curvando   então fica inteiro
retorcendo   então fica direito
esvaziando   então fica pleno
desgastando   então fica novo
sendo pouco   então é obtido
sendo demais   então é perturbador

assim
o homem santo abraçando o uno
torna-se modelo sob o céu

não se exibindo   então brilha
não se afirmando   então figura
não se vangloriando   então tem mérito
não se enaltecendo   então perdura

só por não disputar
sob o céu ninguém pode com ele disputar

o adágio antigo: "curvando então fica inteiro"
como podem ser palavras vãs?

em verdade integra nele reintegrando

希言自然。
故飄風不終朝，
驟雨不終日。
孰為此者？天地。
天地尚不能久，
而況於人乎？
故從事於道者，
同於道。
德者同於德。
失者同於失。
同於道者道亦樂得之；
同於德者德亦樂得之；
同於失者失於樂得之。
信不足焉有不信焉。

23.

falar diluído é o natural

portanto

um vendaval não dura uma manhã
um temporal não dura um dia

quem os fomenta?
céu e terra

céu e terra... suas fúrias não duram
quanto menos os furores humanos

portanto
quem segue o curso   une-se ao curso
quem segue a virtude   une-se à virtude
quem segue a perfeição   une-se à perfeição

quem se une ao curso   este o acolhe com alegria
quem se une à virtude   esta o acolhe com alegria
quem se une à perfeição   esta o acolhe com alegria

pouca fé não merece fé

企者不立；
跨者不行。
自見者不明；
自是者不彰。
自伐者無功；
自矜者不長。
其在道也曰：
餘食贅形。
物或惡之，
故有道者不處。

24.

na ponta dos pés   não se firma
escarranchado   não se anda

quem se exibe   não brilha
quem se afirma   não figura
quem se vangloria   não tem mérito
quem se enaltece   não perdura

isto em relação ao curso soa:

superfluidade   parasitismo

coisas que qualquer um abomina

portanto
quem no curso   nelas não incorre

有物混成
先天地生。
寂兮寥兮獨立不改，
周行而不殆，
可以為天下母。
吾不知其名，
強字之曰道。
強為之名曰大。
大曰逝，
逝曰遠，
遠曰反。
故道大、
天大、
地大、
人亦大。
域中有四大，
而人居其一焉。
人法地，
地法天，
天法道，
道法自然。

25.   Imaginar o mistério | 象玄 Xiang Xuan

há algo indefinido e perfeito
antes de nascerem céu e terra

silente! apartado!
fica só   não muda
tudo pervade   nada periga

pode ser considerado a mãe sob o céu

eu não sei seu nome

dou-lhe a grafia: 道 *Dao*

forçado a nomeá-lo digo: grande
grande soa: além
além soa: longínquo
longínquo soa: retornante

portanto
o curso é grande
o céu é grande
a terra é grande
o mediador é grande

no universo há quatro grandes
o mediador é um dos quatro

o homem segue a terra
a terra segue o céu
o céu segue o curso
o curso segue a si

重為輕根,
靜為躁君。
是以君子終日行不離輕重。
雖有榮觀燕處超然。
奈何萬乘之主而以身輕天下。
輕則失根,
躁則失君。

26. A virtude do pesado | 重德 Zhong De

o pesado é raiz do ligeiro
o repouso é senhor do agitado

por isso o homem santo

na jornada não larga o peso da bagagem
embora tenha visões magníficas fica calmo e distante

que fazer?
é senhor de dez mil carros
por sua pessoa trata à ligeira do império?

sendo ligeiro   então perde a raiz
sendo agitado   então perde a soberania

善行無轍跡。
善言無瑕讁。
善數不用籌策。
善閉無關楗而不可開。
善結無繩約而不可解。
是以聖人
常善救人,
故無棄人。
常善救物,
故無棄物。
是謂襲明。
故善人者
不善人之師。
不善人者
善人之資。
不貴其師、
不愛其資,
雖智大迷,
是謂要妙。

27.

Uso da destreza | 巧用 Qiao Yong

bom caminhar	não deixa vestígio
boa fala	não tem jaças a aquilatar
boa computação	não usa talhas nem fichas
bom fecho	não usa trancas e não se abre
boa ligação	não tem cordas e não se solta

por isso o homem santo

sempre bom em salvar os homens
portanto não há homens rejeitados

sempre bom em salvar as coisas
portanto não há coisas rejeitadas

isto se diz: adentrar o alumbramento

portanto

o homem bom é exemplo para o não-bom
o homem não-bom é potencial para o bom

sem apreciar o exemplo e cuidar do potencial
mesmo a sabedoria será grande extravio

isto se diz: essencial ao deslumbramento

知其雄,
守其雌,
為天下谿。
為天下谿,
常德不離,
復歸於嬰兒。
知其白,
守其黑,
為天下式。
為天下式,
常德不忒,
復歸於無極。
知其榮,
守其辱,
為天下谷。
為天下谷,
常德乃足,
復歸於樸。
樸散則為器,
聖人用之則為官長。
故大制不割。

28.   Retorno ao lenho tosco | 反樸 Fan Pu

conhecer o masculino   preservar o feminino

é torna-se álveo do mundo

tornando-se o álveo do mundo
a virtude eterna não se escoa
e volta a ser recém-nascido

conhecer o luminoso   preservar o sombrio
torna-se o ideal do mundo

tornando-se ideal do mundo
a virtude eterna não flutua
e volta a ser não-dual

conhecer o glorioso   preservar o vergonhoso
torna-se o vale do mundo

tornando-se o vale do mundo
a virtude eterna é suficiente
e retorna a ser lenho tosco

decomposto o lenho tosco
eis compostas as funções

o homem santo usando-o
torna-se dirigente do funcionalismo

portanto
a grande regência não faz cortes

將欲取天下而為之,
吾見其不得已。
天下神器,
不可為也,
為者敗之,
執者失之。
夫物或行或隨、
或歔或吹、
或強或羸、
或挫或隳。
是以聖人去甚、
去奢、
去泰。

29.   Não atuar | 無為 Wu Wei

querer abarcar o mundo e nele atuar...
eu vejo isto infindável

o mundo é um vaso espiritual
não se deixa atuar nem pegar

quem atua   estraga-o
quem o pega   perde-o

portanto
as coisas   ora precedem   ora seguem
             ora amainam   ora enfurecem
             ora prosperam   ora declinam
             ora afluem   ora refluem

por isso
o homem santo afasta   o demasiado
                        o desmesurado
                        o desqualificado

以道佐人主者，
不以兵強天下。
其事好還。
師之所處荊棘生焉。
軍之後必有凶年。
善有果而已，
不敢以取強。
果而勿矜。
果而勿伐。
果而勿驕。
果而不得已。
果而勿強。
物壯則老，
是謂不道，
不道早已。

30. Poupar as armas | 儉武 Jian Wu

aqueles que ajudam o soberano pelo curso
estes não violentam o mundo com armas

tal ação provoca reação

onde campeiam tropas   aí crescem espinhos
após grandes combates   sempre anos nefastos

bom é apenas o resultado
e basta!

não ousar dominar com violência

o resultado sem apoteose
o resultado sem repressão
o resultado sem arrogância
o resultado porque irremediável
o resultado sem violência

as coisas reforçando-se caducam

isto se diz: sem curso

sem curso   logo o decurso

夫佳兵者不祥之器，
物或惡之，
故有道者不處。
君子居則貴左，
用兵則貴右。
兵者不祥之器，
非君子之器，
不得已而用之，
恬淡為上。
勝而不美，
而美之者，
是樂殺人。
夫樂殺人者，
則不可得志於天下矣。
吉事尚左，
凶事尚右。
偏將軍居左，
上將軍居右。
言以喪禮處之。
殺人之眾，
以悲哀泣之，
戰勝以喪禮處之。

31. Cessar as armas | 偃武 Yan Wu

eis que belas armas não são instrumentos auspiciosos
coisas que qualquer um abomina

portanto
quem no curso   delas não se ocupa

o nobre em casa   honra a esquerda
no uso de armas   honra a direita

armas não são instrumentos auspiciosos
não são instrumentos do nobre

se inelutável usa-as
pondo calma e moderação acima

vence sem embelezar a vitória

quem faz isso exulta em matar pessoas
esse não pode obter seus intentos no mundo

nos eventos benéficos prefere-se a esquerda
nos eventos maléficos prefere-se a direita

o general da reserva fica à esquerda
o general do comando fica à direita
a dizer que observa o rito fúnebre

massacres são pranteados com ais e lamentos
na vitória militar observa-se o rito fúnebre

道常無名。
樸雖小天下莫能臣也。
侯王若能守之,
萬物將自賓。
天地相合以降甘露,
民莫之令而自均。
始制有名,
名亦既有,
夫亦將知止,
知止可以不殆。
譬道之在天下,
猶川谷之於江海。

32.   A virtude da santidade | 聖德 Sheng De

curso... lenho tosco sempre sem nome

embora pequeno pequeno o mundo
porém não o pode sujeitar

príncipes e reis podendo preservá-lo
as dez-mil-coisas por si se subordinam

céu e terra em conúbio deitam doce orvalho
o povo sem ser ordenado por si se coordena

feito o corte   logo surgem os nomes
já havendo os nomes   aí deve-se saber parar
sabendo parar   nada periclita

um símile do curso no mundo:
arroio e vale indo para rio e mar

知人者智,
自知者明。
勝人者有力,
自勝者強。
知足者富。
強行者有志。
不失其所者久。
死而不亡者,
壽。

33.

Virtude do discernimento | 辨德 Bian De

quem conhece o outro   é sábio
quem conhece a si mesmo   é iluminado

quem vence o outro   tem força
quem vence a si   é forte

quem se contenta   é rico
quem se força a andar   tem querer
quem não perde seu lugar   perdura

quem morre sem se anular   tem a vida

大道氾兮,
其可左右。
萬物恃之以生而不辭,
功成而不名有。
衣養萬物而不為主,
常無欲可名於小。
萬物歸焉,
而不為主,
可名為大。
以其終不自為大,
故能成其大。

o grande curso é transbordante
ele pode à esquerda e à direita

as dez-mil-coisas dele dependem para viver
nunca são rejeitadas

completa a obra   e não se apropria

veste e nutre as dez-mil-coisas   e não se faz senhor
pode ser nomeado no que é pequeno

as dez-mil-coisas a ele retornam   e não se faz senhor
pode ser nomeado como grande

e só por não se fazer grande
pode realizar sua grandeza

執大象
天下往。
往而不害
安平太。
樂與餌,
過客止。
道之出口淡乎其無味。
視之不足見。
聽之不足聞。
用之不足既。

35. A virtude do amor humano | 仁德 Ren De

retendo a grande imagem
o mundo acorre

acorre sem prejudicar

assim a grande paz

música e atrativos... o peregrino para

o anunciar do curso... insípido! a nada sabe

olhá-lo   não basta para o ver
ouvi-lo   não basta para o escutar
usá-lo   não basta para o esgotar

將欲歙之，必固張之。
將欲弱之，必固強之。
將欲廢之，必固興之。
將欲取之，必固與之。
是謂微明。
柔弱勝剛強。
魚不可脫於淵，
國之利器
不可以示人。

36. Iluminação sutil | 微明 Wei Ming

quer-se a contração:
é preciso consolidar a expansão

quer-se o enfraquecimento:
é preciso consolidar o fortalecimento

quer-se a decadência:
é preciso consolidar o florescimento

quer-se a privação:
é preciso consolidar a doação

isto se diz: iluminação sutil

suavidade vence violência

não deve o peixe sair das profundezas
nem a potestade do reino a outros se mostrar

O livro da virtude

道常無為，
而無不為。
侯王若能守之，
萬物將自化。
化而欲作，
吾將鎮之以無名之樸。
無名之樸，
夫亦將無欲。
不欲以靜，
天下將自定。

37.   Exercício da regência | 為正 Wei Zheng

o curso sempre não atuando
e nada fica por atuar

príncipes e reis podendo preservá-lo
as dez-mil-coisas por si se transformam

transformadas e surgindo o desejo
eu o reprimo pelo lenho sem nome

no lenho tosco sem nome
eis que de fato não há desejo

sem desejo fica-se em repouso
o mundo por si se fixa

上德不德是以有德。
下德不失德是以無德。
上德無為而無以為。
下德無為而有以為。
上仁為之而無以為。
上義為之而有以為。
上禮為之而莫之以應,
則攘臂而扔之。
故失道而後德。
失德而後仁。
失仁而後義。
失義而後禮。
夫禮者忠信之薄而亂之首。
前識者,
道之華而愚之始。
是以大丈夫,
處其厚,不居其薄。
處其實,不居其華。
故去彼取此。

38.

Discutindo a virtude | 論德 Lun De

a vitude superior não ostenta virtude
por isso tem virtude

a virtude inferior não se despe da virtude
por isso não tem virtude

a virtude superior não atua   não ficando por atuar
a virtude inferior não atua   ficando por atuar
o amor humano superior atua   não por ter de atuar
a justiça superior atua   por ter de atuar
o rito superior atua   ninguém corresponde

aí arregaça as mangas indo às vias de fato

portanto
perdido o curso   eis a virtude
perdida a virtude   eis o amor humano
perdido o amor humano   eis a justiça
perdida a justiça   eis o rito

ora o rito dilui fé e fidelidade
sendo pois cabeça de toda desordem
o saber prematuro é mera flor do curso
sendo pois princípio de todo desatino

por isso
o homem em plena maturidade...
ocupa-se do denso e não do diluído
ocupa-se do real e não da florescência

portanto
afasta o ali   agarra o aqui

昔之得一者。
天得一以清。
地得一以寧。
神得一以靈。
谷得一以盈。
萬物得一以生。
侯王得一以為天下貞。
其致之。
天無以清將恐裂。
地無以寧將恐廢。
神無以靈將恐歇。
谷無以盈將恐竭。
萬物無以生將恐滅。
侯王無以貞將恐蹶。
故貴以賤為本，
高以下為基。
是以侯王自稱孤、寡、不穀。
此非以賤為本邪？
非乎。
至譽無譽。
不欲琭琭如玉
珞珞如石。

39. O fundamento da lei | 法本 Fa Ben

eis a unificação dos primórdios

o céu unificado	ficou claro
a terra unificada	ficou tranquila
o espírito unificado	ficou animado
o vale unificado	ficou repleno
as dez-mil-coisas unificadas	ficaram geradoras
príncipes e reis unificados	ficaram fidedignos

isso conseguiu-se pela unificação

o céu não claro	talvez rachasse
a terra não tranquila	talvez implodisse
o espírito não animado	talvez sucumbisse
o vale não repleno	talvez arruinasse
as dez-mil-coisas não geradoras	talvez ruíssem
príncipes e reis não fidedignos	talvez tombassem

portanto
o digno tem suas raízes no humilde
o alto tem suas bases no baixo

por isso
príncipes e reis se intitulam:
órfãos viúvos indigentes

será por suas raízes no humilde? não?

portanto
a glória suprema não se vangloria

não esmerar como jade mas rusticar como pedra

反者道之動。
弱者道之用。
天下萬物生於有，
有生於無。

40. Uso do afastamento | 去用 Qu Yong

retornar   é o mover do curso
suavidade seu operar

sob o céu

as dez-mil-coisas nascem no manifesto
o manifesto nasce do imanifesto

上士聞道勤而行之。
中士聞道若存若亡。
下士聞道大笑之。
不笑不足以為道。
故建言有之。
明道若昧。
進道若退。
夷道若纇。
上德若谷。
大白若辱。
廣德若不足。
建德若偷。
質真若渝。
大方無隅。
大器晚成。
大音希聲。
大象無形。
道隱無名。
夫唯道善貸且成。

41.

a pessoa superior escutando o curso
pratica-o zelosamente

a pessoa mediana escutando o curso
ora insiste ora desiste

a pessoa inferior escutando o curso
ri estrepitosamente

não risse não seria o curso

por isso há nos provérbios
o curso claro	parece escuro
o curso progressivo	parece retrógrado
o curso plano	parece escabroso
a virtude superior	parece um vale
a grande candura	parece vergonha
a virtude larga	parece avara
a virtude firme	parece fugaz
a virtude sólida	parece carcomida
o grande quadrado	não tem cantos
o grande talento	é tardio
a grande música	dilui o som
a grande imagem	não tem figura

o curso oculta-se no sem-nome
e só o curso em bem atuar a doação de si

道生一。
一生二。
二生三。
三生萬物。
萬物負陰而抱陽,
沖氣以為和。
人之所惡,
唯孤、寡不穀,
而王公以為稱,
故物或損之而益,
或益之而損。
人之所教,
我亦教之,
強梁者,
不得其死。
吾將以為教父。甫

42. As transformações do *Dao* | 道化 *Dao* Hua

o curso   gera o um
o um   gera o dois
o dois   gera o três
o três   gera as dez-mil-coisas

as dez-mil-coisas têm atrás sombra (*Yin*)
elas abraçam na frente a luz (*Yang*)
o éter vazio para compor a harmonia

o que os homens mais abominam
ser órfão viúvo indigente
reis e príncipes a si se intitulam

portanto
as coisas   ora perder é ganho
              ora ganhar é perda

a tradição dos homens eu também transmito:
os violentos não alcançam sua morte

eu o considerarei pai da doutrina

天下之至柔,
馳騁天下之至堅。
無有入無間,
吾是以知無為之有益。
不言之教,
無為之益
天下希及之。

43. Uso universal | 遍用 Bian Yong

sob o céu o mais suave...
desembesta pelo mais firme sob o céu

sem manifestação penetra o impenetrável

por isso
eu conheço a vantagem de não-atuar

a doutrina sem palavras

a vantagem de não atuar

sob o céu poucos alcançam

名與身孰親。
身與貨孰多。
得與亡孰病。
是故甚愛必大費。
多藏必厚亡。
知足不辱。
知止不殆。
可以長久。

44. Preceitos estabelecidos | 立戒 Li Jie

o nome ou a pessoa   qual preferir?
a pessoa ou as posses   qual valorizar?
o ganho ou a perda   qual dói mais?

por isso

demasiada poupança   traz grande dispêndio
excessivo acúmulo   traz enorme desperdício

sabendo bastar-se   não se passa vergonha
sabendo conter-se   não se corre perigo

pode-se por isso perdurar

大成若缺，其用不弊。
大盈若沖，其用不窮。
大直若屈。
大巧若拙。
大辯若訥。
靜勝躁，
寒勝熱。
清靜為天下正。

45. Virtude transbordante | 洪德 Hong De

a grande realização   parece defeituosa
seu efeito não degenera

a grande plenitude   parece vazia
seu efeito não decresce

a grande retidão   parece sinuosa
a grande habilidade   parece bisonha
a grande eloquência   parece balbuciante

o repouso vence a agitação
o frio vence o quente

pureza e repouso são o ajuste do mundo

天下有道，
卻走馬以糞。
天下無道，
戎馬生於郊。
禍莫大於不知足。
咎莫大於欲得。
故知足之足常足矣。

46.   Moderar os desejos | 儉欲 Jian Yu

sob o céu há curso...
desatrelam-se os corcéis para o adubo

sob o céu não há curso...
éguas de batalha procriam na fronteira

maior culpa: aquiescer ao desejo
maior violação: não saber bastar-se
maior falta: desejar obter

portanto

sabendo bastar-se ao que basta sempre basta

不出戶知天下。
不闚牖見天道。
其出彌遠，
其知彌少。
是以聖人
不行而知。
不見而明。
不為而成。

47.   Averiguar o distante | 覽遠 Jian Yuan

sem sair de casa   conhecer o mundo
sem espiar pela janela   ver o curso do céu
quanto mais longe se vai   tanto menos se conhece

por isso o homem santo...

não anda...   e conhece
não vê...   e nomeia
não atua...   e realiza

為學日益。
為道日損。
損之又損,
以至於無為。
無為而不為。
取天下常以無事,
及其有事,
不足以取天下。

48.　　　　　　　　　　Esquecer o saber | 忘知 Wang Zhi

no estudo　　dia a dia se cresce
no curso　　 dia a dia se decresce

decrescendo a mais decrescer
chega-se ao não-atuar

não atuando nada fica por atuar

conquista-se o mundo sempre por não ter afazeres
bastam afazeres que não se conquista o mundo

聖人無常心。
以百姓心為心。
善者吾善之。
不善者吾亦善之
德善。
信者吾信之。
不信者吾亦信之、
德信。
聖人在天下歙歙焉,
為天下渾其心。
百姓皆注其耳目,
聖人皆孩之。

49. Confiança na virtude | 任德 Ren De

o homem santo não tem coração constante
pelo coração das cem famílias faz seu coração

com o bom   eu sou bom
com o não bom   também sou bom

tal é a bondade da virtude

com o fiel   eu sou fiel
com o não fiel   também sou fiel

tal é a fidelidade da virtude

sob o céu o homem santo é conciliador
faz os corações se misturarem sob o céu

as cem famílias lhe emprestam olhos e ouvidos
o homem santo a todos acriança

出生入死。
生之徒，十有三。
死之徒，十有三。
人之生，
動之於死地，
亦十有三。
夫何故？
以其生生之厚。
蓋聞善攝生者，
陸行不遇兕虎，
入軍不被甲兵。
兕無所投其角。
虎無所用其爪。
兵無所容其刃。
夫何故？
以其無死地。

50.   Dignificar a vida | 貴生 Gui Sheng

expor vida é impor morte

os adeptos da vida   três em dez
os adeptos da morte   três em dez
os que levam a vida
ao campo de morte   também três em dez

e a razão?
viverem intensamente a vida

ouve-se do bom cultor da vida:

em terra   não topa com rinocerontes ou tigres
na liça   não sofre com armas e escudos

o rinoceronte não tem onde fincar o chifre

o tigre não tem onde fincar as garras
as armas não tem onde enfiar a lâmina

e a razão?
não ter campo de morte

道生之，
德畜之，
物形之，
勢成之。
是以萬物
莫不尊道，
而貴德。
道之尊，
德之貴，
夫莫之命
而常自然。
故道生之，
德畜之。
長之育之。
亭之毒之。
養之覆之。
生而不有，
為而不恃，
長而不宰。
是謂玄德。

51.

Virtude sustentante | 養德 Yang De

o curso lhes   dá vida
a virtude   dá cultivo
a substância   dá forma
o ambiente   dá desenvolvimento

por isso
as dez-mil-coisas sem exceção
nenhuma sem venerar o curso e dignificar a virtude

a veneração do curso   a dignificação da virtude
eis que não se ordena   vêm sempre por si

portanto
o curso   lhes dá vida
a virtude   dá cultivo
o crescimento   dá aprimoramento
a proteção   dá maturação
a manutenção   dá renovação

gerar   sem possuir
atuar   sem depender
presidir   sem controlar

diz-se virtude mística

天下有始，以為天下母。
既得其母，以知其子。
既知其子，復守其母，
沒身不殆。
塞其兌，
閉其門，
終身不勤。
開其兌，
濟其事，
終身不救。
見其小曰明，
守柔曰強。
用其光，
復歸其明，
無遺身殃。
是為習常。

52. Retorno à origem | 歸元 Gui Yuan

o mundo tem origem
esta é considerada a mãe do mundo

já tendo a mãe
conhece-se o filho

já conhecido o filho
novamente guarda-se a mãe

desaparecendo o corpo não periga

tapando suas entradas
trancando suas portas

findando o corpo   não se aflige

abrindo suas entradas
prosperando seus afazeres
findando o corpo   não se salva

ver o pequeno soa: alumbramento
conservar a suavidade soa: força

se usar sua luz retornando à sua iluminação
nada perde quando o corpo espectrifica

isto se diz: revestir de eternidade

使我介然有知，
行於大道，
唯施是畏。
大道甚夷，
而人好徑。
朝甚除，
田甚蕪，
倉甚虛。
服文綵，
帶利劍，
厭飲食，
財貨有餘。
是謂盜夸。
非道也哉。

53.   Prova da ganância | 益證 Yi Zheng

se eu tivesse um saber especializado
e agisse conforme o grande curso
justamente sua efetuação eu temeria

o grande curso é bem plano
mas o povo gosta dos atalhos

a corte está bem montada
mas os campos bem acizanados

e os celeiros bem vazios

enfeitam-se com brocados letrados
andam com espadas afiadas
enjoados com comes e bebes
bens e riquezas em profusão

isto se diz: ostentar rapina

não! não é o curso!

善建者不拔。
善抱者不脫。
子孫以祭祀不輟。
修之於身其德乃眞。
修之於家其德乃餘。
修之於鄉其德乃長。
修之於邦其德乃豐。
修之於天下其德乃普。
故
以身觀身，
以家觀家，
以鄉觀鄉，
以邦觀邦，
以天下觀天下。
吾何以知天下然哉？
以此。

54. Cultivar a contemplação | 修觀 Xiu Guan

quem planta o bem   este não perde a raiz
quem abraça o bem   este não se separa

e filhos e netos não cessarão o culto ancestral

cultivado na pessoa   a virtude será eficiente
cultivado na família   a virtude será copiosa
cultivado na comunidade   a virtude será durável
cultivado no reino   a virtude será fecunda
cultivado no mundo   a virtude será universal

portanto
pela pessoa   ver as pessoas
pelas famílias   ver as famílias
pela comunidade   ver as comunidades
pela nação   ver as nações
pelo mundo   ver o mundo

eu, como sei que o mundo é assim?

pelo aqui

含德之厚
比於赤子。
毒蟲不螫，
猛獸不據，
攫鳥不搏。
骨弱筋柔而握固。
未知牝牡之合而全作，
精之至也。
終日號而不嗄，
和之至也。
知和曰常。
知常曰明。
益生曰祥。
心使氣曰強。
物壯則老。
謂之不道，
不道早已。

55.

Signo místico | 玄符 Xuan Fu

quem possui o denso da virtude
assemelha-se a uma criança nua

insetos venenosos não a picam
feras não a estraçalham
aves de rapina não a arrebatam

ossos moles tendões elásticos
mas agarra com força
ainda não conhece o acasalamento
mas o falo fala ereto
é o auge do sêmen

o dia inteiro grita sem rouquejar
é o auge da harmonia

conhecer a harmonia soa: eternidade
conhecer a eternidade soa: iluminação
acrescer a vida soa: fatalidade
o coração no controle do sopro soa: rigidez

as coisas reforçando-se caducam

isso se diz   sem curso
sem curso   logo o decurso

知者不言。
言者不知。
挫其銳，
解其紛，
和其光，
同其塵，
是謂玄同。
故
不可得而親。
不可得而疏。
不可得而利。
不可得而害。
不可得而貴。
不可得而賤。
故為天下貴。

56.

Virtude mística | 玄德 Xuan De

quem sabe   não fala
quem fala   não sabe

tapar   as entradas
trancar   as portas
abrandar   o cume
desfazer   o emaranhado
harmonizar   a luz
conglobar   o pó

diz-se: união mística

portanto

ela é incompatível com a intimidade
ela é incompatível com a estranheza

ela é incompatível com o ganho
ela é incompatível com a perda

ela é incompatível com a dignidade
ela é incompatível com a vileza

portanto

constitui a dignidade do mundo

以正治國，
以奇用兵，
以無事取天下。
吾何以知其然哉？
以此。
天下多忌諱而民彌貧。
民多利器國家滋昏。
人多伎巧奇物泫起。
法令滋彰盜賊多有。
故聖人云
我無為而民自化。
我好靜而民自正。
我無事而民自富。
我無欲而民自樸。

com a normalidade   governa-se o reino
com a anormalidade   usam-se as armas

por não ter afazeres conquista-se o mundo

como eu sei que é assim?
pelo aqui

sob o céu

quanto mais tabus e superstições
tanto mais pobre o povo

quanto maior a potestade da corte
tanto mais caótico o reino

quanto maior a inventiva dos homens
tanto mais coisas anormais

quanto mais leis e decretos promulgados
tanto mais ladrões e assaltantes

por isso
um homem santo esclareceu:

eu sem atuar   o povo mudou por si
eu amante do repouso   o povo por si endireitou
eu sem afazeres   o povo por si enriqueceu
eu sem desejos   o povo por si lenho tosco

其政悶悶,
其民淳淳。
其政察察,
其民缺缺。
禍尚福之所倚。
福尚禍之所伏。
孰知其極,
其無正。
正復為奇,
善復為妖。
人之迷其日固久。
是以聖人
方而不割。
廉而不劌。
直而不肆。
光而不燿。

58. Adaptar-se às mudanças | 順化 Shun Hua

governo velado e sonado   povo expresso e desperto
governo vigilante e atuante povo retraído e omisso

desgraça!   em ti apoia-se a felicidade
felicidade!   em ti encosta-se a desgraça

quem delas conhece os limites?

na anomia...   o normal passa por anormal
               o bom passa por simulacro

o desvio do homem... teus dias teimosamente duram

por isso o homem santo...

enquadra   sem demarcar
canteia   sem talhar
corrige   sem deformar
transluz   sem ofuscar

治人事天莫若嗇。
夫唯嗇是謂早服。
早服謂之重積德。
重積德則無不克。
無不克則莫知其極。
莫知其極可以有國。
有國之母可以長久。
是謂深根固柢,
長生久視之道。

59.   Manter o curso | 守道 Shou Dao
no governo do homem no serviço do céu
nada como temperança

só a temperança se   diz submissão prévia
a submissão prévia   diz-se virtude reiterada

virtude reiterada   então invencibilidade
invencibilidade   então não se conhecem os limites
sem os limites   então se pode ter o reino

tendo a mãe do reino se pode perdurar

isto se diz: raiz profunda   haste firme

é o curso da vida longa e visão perpétua

治大國若烹小鮮。
以道蒞天下,
其鬼不神。
非其鬼不神,
其神不傷人。
非其神不傷人,
聖人亦不傷人。
夫兩不相傷,
故德交歸焉。

60. Ocupar o trono | 居位 Ju Wei

reger um grande reino é como fritar peixe miúdo

no mundo governado pelo curso
espectros não passam por espíritos

não só espectros não passam por espíritos
espíritos também não atormentam pessoas

não só espíritos não atormentam pessoas
o homem santo também não as atormenta

eis que ambos não se atormentando
a virtude congrega nele reintegrando

大國者
下流，
天下之交。
天下之牝。
牝常以靜勝牡。
以靜為下。
故
大國以下小國，則取小國。
小國以下大國，則取大國。
故
或下以取，或下而取。
大國不過欲兼畜人。
小國不過欲入事人。
夫兩者各得所欲，
大者宜為下。

61. A virtude da humildade | 謙德 Qian De

um grande reino é um rio no baixo curso

reunião do mundo fêmea do mundo

a fêmea sempre pelo repouso vence o macho
pelo repouso ela fica abaixo

portanto

se um grande reino ficar abaixo de um pequeno
então o grande conquista o pequeno

se um pequeno reino ficar abaixo de um grande
então o pequeno conquista o grande

portanto

uns ficam abaixo para conquistar
outros estando abaixo conquistam

um grande reino
    só quer juntar e nutrir pessoas
um pequeno reino
    só quer participar e servir pessoas

eis que para ambos conquistarem o almejado
convém que o grande fique abaixo

道者萬物之奧。
善人之寶，
不善人之所保。
美言可以市尊。
美行可以加人。
人之不善，
何棄之有。
故立天子、
置三公，
雖有拱璧以先駟馬，
不如坐進此道。
古之所以貴此道者何。
不曰：求以得，
有罪以免邪？
故為天下貴。

62.   Atuar o curso | 為道 Wei Dao

curso...   recolhimento das dez-mil-coisas
tesouro dos bons   refúgio dos não-bons
belas palavras   podem negociar honras
nobre conduta   pode destacar dos outros

mas por que rejeitar os não-bons?

portanto

foi instituído o filho do céu
estabelecidos os três duques

contudo empunhar o cetro de jade
e com este à frente desfilar na quadriga
não vale assentar e adentrar-se no curso

e a razão dos antigos apreciarem o curso?

não soa assim:
quem pede   dele recebe
quem tem culpa   por ele evita a perversão

portanto

constitui a dignidade do mundo

為無為，
事無事，
味無味。
大小多少，
報怨以德。
圖難於其易，
為大於其細。
天下難事必作於易。
天下大事必作於細。
是以聖人
終不為大，
故能成其大。
夫輕諾必寡信。
多易必多難。
是以聖人
猶難之，
故終無難矣。

63.   Pensar a origem | 思始 Si Shi

atue   o não-atuar
ocupe-se   em não se ocupar
saboreie   o sem-sabor

engrandeça o pequeno
converta discórdia em virtude
delineie o difícil do fácil
faça o grande de sua pequenez

por isso

o homem santo nunca se engrandece
e pode realizar sua grandeza

eis que promessas levianas
decerto são de pouca fé

muito fácil decerto é bem difícil

por isso

o homem santo considera tudo bem difícil
portanto não fica difícil

其安易持，
其未兆易謀。
其脆易泮，
其微易散。
為之於未有，
治之於未亂。
合抱之木生於毫末。
九層之台起於累土。
千里之行始於足下。
為者敗之，
執者失之。
是以聖人
無為故無敗，
無執故無失。
民之從事常於幾成而敗之。
慎終如始則無敗事。
是以聖人
欲不欲，
不貴難得之貨。
學不學，
復眾人之所過，
以輔萬物之自然而不敢為。

64.   Guardar o diminuto | 守微 Shou Wei

calmo   é fácil manter
ainda imprevisível   é fácil programar
quebradiço   é fácil despedaçar
miúdo   é facil de espalhar

atuar no ainda não-sido
pôr em ordem antes da desordem

árvore que braços unidos
abarcam nasceu de raiz capilar
torre de nove andares surgiu de terra justaposta
jornada de cem mil léguas começa sob os pés

quem atua   estraga
quem pega   perde

o povo na execução da obra
sempre estraga no fim
cuidando do fim como do começo
não se estraga a obra

por isso o homem santo...

deseja não desejar
não valoriza bens custosos
aprende a não aprender

recorre por onde os homens transpassaram
ajudando a natureza das dez-mil-coisas
isso sem ousar atuar

古之善為道者，
非以明民，
將以愚之。
民之難治，
以其智多。
故以智治國，
國之賊。
不以智治國，
國之福。
知此兩者，
亦稽式。
常知稽式，
是謂玄德。
玄德深矣、
遠矣！與物反矣。
然後乃至大順。

65.   A virtude pura | 淳德 Chun De

na antiguidade os que bem atuavam o curso
não procuravam iluminar o povo
mas sim assingelá-lo

o povo é ingovernável se a sabedoria excede

portanto
governar pela sabedoria   é espoliar a nação
não governar pela sabedoria   é prosperar a nação

quem sabe os dois   aprofunda no ideal
saber aprofundar no ideal   diz-se virtude mística

virtude mística...

profunda! longínqua!

retorna com as dez-mil-coisas
culmina na grande concórdia

江海之所以能為百谷王者，
以其善下之，
故能為百谷王。
是以聖人
欲上民，必以言下之。
欲先民，必以身後之。
是以聖人
處上而民不重，
處前而民不害。
是以天下樂推而不厭。
以其不爭，
故天下莫能與之爭。

66. Colocar-se a si mesmo atrás | 後己 Hou Ji

rios e mares podem reger os cem vales
por saberem ficar abaixo deles

portanto
regem os cem vales

por isso o homem santo...

desejando ficar acima do povo
deve nas palavras ficar abaixo

desejando ficar à frente do povo
deve na sua pessoa ficar atrás

por isso o homem santo...

fica acima   e o povo não sente o peso
fica à frente   e o povo não sofre prejuízo

por isso

o mundo é alegremente impelido
e sem nenhuma opressão

por não disputar
sob o céu não se pode com ele disputar

天下皆謂我道大
似不肖。
夫唯大故似不肖。
若肖,
久矣!其細也夫。
我有三寶
持而保之:
一曰慈,
二曰儉,
三曰不敢為天下先。
慈故能勇,
儉故能廣,
不敢為天下先
故能成器長。
今舍慈且勇,
舍儉且廣,
舍後且先,
死矣!
夫慈以戰則勝,
以守則固。
天將救之
以慈衛之。

67.   As três joias | 三寶 San Bao

sob o céu todos dizem que por ser grande
meu curso aparenta anormalidade

só por ser grande parece anormal
se normal há muito seria insignificante

eu tenho três joias para guardar e cuidar

a primeira soa: misericórdia
a segunda soa: moderação
a terceira soa: não ousar primazia

primeiro misericórdia   depois coragem
primeiro moderação   depois generosidade
primeiro não ousar primazia depois dirigir o funcionalismo

hoje   sem misericórdia   quer-se coragem
       sem moderação   quer-se generosidade
       sem ficar atrás   quer-se primazia

isso já é morte!

eis que a misericórdia   na ofensiva vence
                         na defensiva consolida

quem o céu quer salvar protege pela misericórdia

善為士者不武。
善戰者不怒。
善勝敵者不與。
善用人者為之下。
是謂不爭之德。
是謂用人之力。
是謂配天古之極。

68. Bodas com o céu | 配天 Pei Tian

quem sabe bem fazer o militar   não é marcial
quem sabe bem guerrear   não é colérico
quem sabe bem vencer o inimigo   não se faz presente
quem sabe bem utilizar homens   fica abaixo deles

isto se diz: virtude de não competir
isto se diz: força empregar homens
isto se diz: o auge das bodas com o céu

用兵有言：
吾不敢為主而為客。
不敢進寸而退尺。
是謂
行無行。
攘無臂。
扔無敵。
執無兵。
禍莫大於輕敵。
輕敵幾喪吾寶。
故抗兵相加
哀者勝矣。

69. Uso místico | 玄用 Xuan Yong

de um estrategista a máxima:

eu não ouso ser o senhor   sou o hóspede
não ouso avançar uma polegada   recuo um pé

isto se diz:

avançar   sem avançada
rechaçar   sem braços
repelir   sem hostilizar
capturar   sem armas

maior desastre: desconsiderar o inimigo
desconsiderar o inimigo seria perder minhas joias

portanto

exércitos antagônicos em confronto
o que for compassivo vence

吾言甚易知、
甚易行。
天下莫能知、
莫能行。
言有宗、
事有君。
夫唯無知，
是以我不知。
知我者希，
則我者貴。
是以聖人
被褐懷玉。

70.　　　　　　　　　Conhecer as dificuldades | 知難 Zhi Nan

minhas palavras...　　bem fáceis de conhecer
　　　　　　　　　　bem fáceis de praticar

sob o céu

são incognoscíveis são impraticáveis

as palavras têm tradição
os eventos têm regente

eis que só por não ter conhecer
não se conhece o eu

os que conhecem o eu são raros
então o eu é preciosidade

por isso

sob o traje aldeão o homem santo abriga jade

知不知上，不知知病。
夫唯病病，是以不病。
聖人不病，以其病病。
夫唯病病，是以不病。

71. Alienação do conhecimento | 知病 Zhi Bing

saber não saber   sublima

não saber saber   aliena

homem santo não se aliena

porque aliena a alienação

e só porque aliena a alienação

não se aliena

por isso

não se aliena

民不畏威，
則大威至。
無狎其所居，
無厭其所生。
夫唯不厭，
是以不厭。
是以聖人
自知不自見。
自愛不自貴。
故去彼取此。

72.   Amor a si mesmo | 愛己 Ai Ji

o povo não teme autoridade
então advém a grande autoridade

nada comprime sua moradia
nada oprime sua subsistência

só por não haver opressão não há ressentimento

por isso o homem santo

conhece a si mesmo   sem se exibir
ama a si mesmo   sem se dignificar

portanto
afasta o ali agarra o aqui

勇於敢則殺。
勇於不敢則活。
此兩者或利或害。
天之所惡孰知其故。
天之道不爭而善勝。
不言而善應。
不召而自來。
繟然而善謀。
天網恢恢疏而不失。

73.   Deixar-se atuar | 任為 Ren Wei

coragem com ousadia   então morte
coragem sem ousadia   então sobrevivência

ambas...   ora benéficas
                        ora maléficas

aquilo que o céu abomina alguém sabe a razão?

por isso

o homem santo ainda aumenta as dificuldades

o curso do céu...

sem competir   sabe bem vencer
sem falar   sabe bem responder
sem conclamar   vêm por si

e passo a passo sabe bem dispor

a rede do céu é espaçosa...

largas malhas e nada tresmalha

民不畏死，
奈何以死懼之。
若使民常畏死，
而為奇者，
吾得執而殺之，
孰敢。
常有司殺者殺。
夫代司殺者殺，
是謂代大匠斲。
夫代大匠斲者，
希有不傷其手矣。

74. Dominar as ilusões | 制惑 Zhi Huo

o povo não teme a morte...
para que assustá-lo com a morte?

caso o povo temesse a morte...

e aquele que inventa...
caso eu o capturasse para matá-lo
quem ousaria?

há sempre o ofício da morte a executar

eis que usurpar o lugar da morte
seria talhar em lugar do grande lenhador
raro seria não ferisse as mãos

民之
饑以其上食稅之多，是以饑。
民之難治
以其上之有為，是以難治。
民之輕死
以其求生之厚，是以輕死。
夫唯無以生為者，
是賢於貴生。

75. O prejuízo da cobiça | 貪損 Tan Sun

a fome do povo...
porque seus superiores devoram impostos

por isso
a fome

o desgoverno do povo...
porque seus superiores estão em atuação

por isso
o desgoverno

desdém do povo pela morte...
porque seus superiores no frenesi da vida

por isso
o desdém da morte

eis que só quem não atua no viver
é virtuoso para dignificar a vida

人之生也柔弱,
其死也堅強。
草木之生也柔脆,
其死也枯槁。
故堅強者死之徒,
柔弱者生之徒。
是以兵強則滅,
木強則折。
強大處下,
柔弱處上。

76. Precaver-se contra a força | 戒強 Jie Qiang

o nascer do homem   é pois suave e fraco
seu morrer   é pois rígido e forte

o nascer da planta   é pois suave e tenro
seu morrer   é pois murcho e seco

portanto

rigidez e força   são adeptos da morte
suavidade e fraqueza   são adeptos da vida

por isso

arma é forte   então não vence
árvore é forte   então vira arma

força e grandeza   são inferiores
suavidade e fraqueza   são superiores

天之道其猶張弓與。
高者抑之，
下者舉之。
有餘者損之，
不足者補之。
天之道，
損有餘而補不足。
人之道，
則不然，
損不足以奉有餘。
孰能有餘以奉天下，
唯有道者。
是以聖人
為而不恃，
功成而不處。
其不欲見賢邪！

77.

o curso do céu...

como lembra o retesar do arco!

o elevado   é abaixado
o baixo   é levantado
o mais   é tirado
o menor   é completado

o curso do céu...
tira do mais e completa o menos

o curso do homem é o reverso:
tira do menos para ofertar ao mais

quem pode ter a mais para ofertar ao mundo?
só quem tem o curso

por isso o homem santo

atua sem depender
realiza a obra sem se ater

ele não quer mostrar-se virtuoso

天下莫柔弱於水。
而攻堅強者，
莫之能勝，
以其無以易之。
弱之勝強。
柔之勝剛。
天下莫不知莫能行。
是以聖人云，
受國之垢是謂社稷主。
受國不祥是為天下王。
正言若反。

78.   O acreditável | 任信 Ren Xin

sob o céu

nada mais suave e mole do que a água
nada a supera no combate ao rígido e forte
porque nada pode modificá-la

a fraqueza   vence a força
a suavidade   vence a dureza

sob o céu

isso não se pode conhecer
isso não se pode praticar

por isso afirmou um homem santo:

quem arca com a sujeira do reino
pode dizer-se senhor do culto agrário

quem arca com os males do reino
pode dizer-se rei do mundo

palavras corretas parecem o reverso

和大怨必有餘怨。
安可以為善。
是以聖人執左契，
而不責於人。
有德司契，
無德司徹。
天道無親
常與善人。

79. Fidelidade no contrato | 任契 Ren Qi

no ajuste de uma grande discórdia
é inevitável subsistir discórdia

como pensar que seja um bem?

por isso o homem santo...

cumpre a talha esquerda do contrato
não obriga a outra parte

com virtude   cumpre-se o dever
sem virtude   cumpre-se a cobrança

o curso do céu sem ser sentimental
sempre fica com o homem bom

小國寡民。
使有什伯之器而不用。
使民重死而不遠徙。
雖有舟輿無所乘之。
雖有甲兵無所陳之。
使民復結繩而用之。
甘其食、
美其服、
安其居、
樂其俗。
鄰國相望,
雞犬之聲相聞。
民至老死
不相往來。

80.   Isolacionismo | 獨立 Du Li

pequeno reino pouca gente

instrumentos de dez ou cem
   que não se usem
as pessoas no temor da morte
   sem êxodos
barcos e carros
   sem razão para movê-los
armas e couraças
   sem razão para exibi-las

oxalá o povo voltasse
   ao uso dos quipos
ao doce de suas comidas
   à beleza de seus trajes
ao sossego de sua casa
   ao conforto de seus costumes

reinos vizinhos visíveis
   aqui e ali
rumor de cães e gatos audíveis
   aqui e ali
a gente envelheça e morra sem vaivém
   aqui e ali

信言不美。
美言不信。
善者不辯。
辯者不善。
知者不博。
博者不知。
聖人不積。
既以為人己愈有。
既以與人己愈多。
天之道利而不害。
聖人之道為而不爭。

81.   Manifestar o essencial | 顯質 Xian Zhi

palavras fiéis   não são belas
belas palavras   não fazem fé

o bom   não se discute
o discutível   não faz bem

o saber   não é extensivo
a erudição   não faz saber

o homem santo não acumula bens

quanto mais faz aos outros
  tanto mais tem para si
quanto mais dá aos outros
  tanto mais é em si

o curso do céu beneficia   sem prejudicar
o curso do homem santo atua   sem disputar

Notas

1 — O *Dao* em sua constituição

Da 3ª à 6ª linha, frequentemente se traduz: "Sem nome é origem do céu e da terra, com nome é mãe das dez-mil-coisas. Portanto, sempre sem desejo para ver sua maravilha, sempre com desejo para ver seu delineamento". Não sendo pontuados, os textos chineses antigos, por vezes, são ambíguos. Esta versão era a mais seguida. A do texto, porém, vem sendo recentemente adotada por muitos, como Yu Pei Lin.[1]

É preferível pela 2ª linha: "O nome nomeável não é o eterno nome". Esta sentença não teria sentido se não introduzisse o "nome eterno", o nome do curso, do *Dao*. Este não é nomeável apenas por nós. Do contrário, deveríamos eliminar esta sentença do livro.

Portanto, sempre que se menciona a inominalidade do *Dao*, isso indica nossa impossibilidade de nomeá-lo ou concebê-lo. Não podemos confiná-lo em nós, mas devemos abrir-nos para ele. Desse "não podermos nomeá-lo" não decorre que ele não se nomeie eternamente.

A 7ª linha ficaria sem sentido ao prescindir do nome eterno: "ambos [sem nome e com nome]... o mesmo saindo com nomes diversos", ao passo que: "ambos [imanifesto e manifesto]... o mesmo saindo com nomes diversos", condiz.

Zhang Mo Sheng, então, diz que devemos distinguir o nome com que nomeamos e o nome eterno: "o nome eterno

---

[1]. Yu Pei Lin, *Laozi Du Ben (compêndio de Laozi)*, San Min Shu Ju, Yai Bei, 1975.

é nome e forma (nama-rupa) do Tau; o Tau, pois, é a essência do nome eterno".[2]

Wang Huai defende outra posição: "Então o *Dao* é radicalmente sem nome".[3] Em outras ocorrências do livro: "não sabendo seu nome, dou-lhe a grafia 道 (*Dao*)" (25); "contínuo, contínuo [...] sem se poder nomear / retorna a não-coisa" (14).

Dao, um som, mero *flatus vocis*, não é seu nome. Este silencia para nós. Projetar no absoluto o que para nós é inominável, insondável, inconsciente, imanifesto, vazio etc., é a tendência hermenêutica das doutrinas orientais, mas no caso de Laozi seria tendenciosa. Hegel (1770–1831) também critica, na *Lógica*, esta orientação. No fim do tópico, "o Absoluto", diz que "o absoluto é caracterizado como manifestação, não para um outro mas para si" e, em nota, diz:

Do mesmo modo na representação oriental da emanação, o absoluto é luz que se auto-ilumina [...] ele não apenas se ilumina, mas também emana. E suas emanações são afastamentos de sua claridade [...] O emanar é tomado apenas como um acontecer, o devir apenas como uma perda contínua. Assim, o ser obscurece-se sempre mais, e a noite, o negativo, é o final da linha que não retorna à luz primeira.[4]

Em Laozi, tudo retorna ao *Dao* que segue a si mesmo: "eu assim as contemplo no reflexo" (16), "as dez-mil-coisas a Ele retornam" (34), "e o curso segue a si" (35).

Portanto, o nome eterno, manifestação absoluta do *Dao*, é para nós imanifesto. O *Dao* não é transcendente em si.

Quanto à tradução de *Wu* e *You*, significam estes "o que se dá e o que não se dá a um sujeito". Esta distinção depende do sujeito, conforme sua abrangência. O *Dao*, nem sujeito nem objeto, é manifestação plena, não-dual. Assim se evita uma metafísica conceitual, niilista. Autores orientais, de diversas

---

2. Zhang Mo Sheng, *Laozi Zhang Ju Xin Shi* [Nova exegese da divisão e pontuação dos capítulos e sentenças de Laozi], Tai Zhong, 1976, p 23.

3. Wang Huai, *Laozi Tan Yi*, [Procura do significado de Laozi], Tai Bei, 1971, p 4.

4. Hegel, *Wissenschaft der Logikuhrkamp Verlag*, 1969, vol. 2, p 198.

tendências, advertem: "Sunyata não é o vazio do nada, mas a identidade daquele que é, a norma do ser, a causa e a origem de tudo o que constitui o que é finito".[5]

Eis Wu Men, monge chinês zen, nascido em Hang Zhou e falecido em 1260: "Não entenda este *wu* como nada; não o tome por um conceito de não-ser, oposto a ser".[6]

E quanto a Nagarjuma, diz o *Maha Ratnuka*: "Apego às teorias errôneas se compara a uma doença. Todas as teorias errôneas podem ser curadas; só o apego à teoria do vazio é incurável".[7]

Há oscilação na terminologia e valorização do imanifesto. Este considera "ser" apenas como princípio da manifestação e fixa o absoluto como "não-ser" ou algo acima do ser. Estabelece também que o imanifesto é superior ao manifesto. No entanto, é preciso mencionar o "aparecer do absoluto":

Só o conhecimento dissipa a ignorância como a luz do sol dissipa as trevas, e é então que o "si", princípio imutável e eterno de todos os estados manifestos e imanifestos aparece (sic) em sua realidade suprema.[8]

Isto é, manifesta-se a si. Por isso, em Laozi, apesar do manifesto nascer no imanifesto (40), ambos se geram mutuamente (2).

Isto lembra a crítica de Heidegger ao pensamento grego que esquecera do que se mostra além do presente, e que o ocultar-se pertence ao ser.[9]

Para Laozi, porém, nós somos o ocultante. O mesmo verbo *guan* é empregado tanto em um sentido quanto em outro. O verbo *guan* 觀 quer dizer "ver, contemplar". O filósofo idealista Fichte (1767–1819) assim esclarece a contemplação:

5. Evans-Wentz, *Le Yoga Tibetainaris*, Adrien Maisonneuve, p 130–131.
6. Op.cit., p 60.
7. Op.cit., p 106.
8. René Guénon, *La Métaphysique Orientale*, Paris, Les éditions Traditionnelles, 1951, p 21.
9. Otto Pöggeler, *Der Denkweg Martin Heideggers*, Neske Verlag, 1963, p 182.

É da essência interna do ver, e inseparável dele e de seu ser, que ele se veja. Todos os erros originam-se do desaparecimento desta verdade fundamental: a única percepção original é a contemplação do ver.[10]

A contemplação é originária; nós a imaginamos dualmente. Pode-se dizer que a visão, em Laozi, é total. A luz não se oculta.

Duyvendak,[11] famoso sinólogo holandês, baseia sua tradução na mutabilidade perpétua. Diz que *chang* 常 não pode ser traduzido por "eterno". O que é refutado pelo famoso filósofo legista, Han Fei Zi (280-234 a.C.), comentador mais antigo de alguns capítulos do *Dao de jing*: "De fato, aquilo que ora está, ora perece, que repentinamente morre ou repentinamente nasce, que primeiro prospera e depois decai, não se pode dizer eterno".[12] "Ser" é visto mas não concebido. Hegel, por sua vez, opõe-se à separação:

"A ideia absoluta é unidade de conceito e realidade."[13]

Esta articulação entre conceito e realidade, tão trabalhada e retocada por Hegel, dilui-se, em Laozi, num vago delineamento, já que o discurso não é o curso, mas no manifesto vê-se seu delineamento. É a via mística sobrepondo-se à via lógica. Assim revela Rudolph Otto:

É totalmente supra racional e da qual só o silêncio pode falar. É uma beatitude que fascina. Só pode ser obtida por via de negação — maravilha inexprimível. Aqui, como em todo misticismo, negação não significa nulidade. O nulo é inteiramente racional, compreensível, definível; não é inefável, não pode levar a alma ao assombro silencioso.[14]

No fim do capítulo, Laozi fala do mistério. A palavra *xuan*

---

10. Johann Gottlieb Fichte, *Fichtes Werkeerlin*, Walter de Gruyter&Co., vol. 9, pp 77-788.
11. Duyvendak, *Tao Tö King*, Paris, Adrien Maisonneuve, 1975, p 3.
12. Wang Xian Shen, *Han Fei Zi Jie Si* [Han Fei, escritos e comentários], Taiwan, Shang Wu Yin, 1956, vol. 2, p 29.
13. Hegel, *Vorlesungen über die Philosophie der Religion*, Suhrkamp Verlag, 1963, vol. 2, p 213.
14. Rudolph Otto, *Mysticism: East and West*, Meridian Books, 1957, p 143.

significa "misterioso, sutil, oculto, profundo, abstruso, silencioso, solitário". A palavra mistério vem do grego *muein*, "estar fechado (especialmente dito dos lábios e dos olhos), derivado da raiz *mu*, que significa "murmurar".[15] Mistério é o que nos fecha os olhos e os lábios.

O capítulo então conclui acrescentando que o mistério revela-se como mistério. A revelação, assim, renova-o como mistério e a permanência eterna do mistério é a porta de toda maravilha, ou seja, do *Dao* revelado em sua realidade suprema: tudo é manifesto.

2 — Cultivar a pessoa

Para Chen Gu Ying, o belo não se torna feio, mas a demarcação conceitual do belo produz o que é feio, em si inexistente.[16] A análise conceitual que divide a percepção original do belo, faz com que não percebamos mais a unidade; percebemos apenas nossa falta de harmonia na percepção: o feio.

A desarmonia na ação, então, se traduz pela ação sem união com o curso. Por outro lado, Chang Chung-Yuan,[17] na tentativa de uma tradução filosófica na linha de Heidegger, diverge dessa interpretação, que considero a única apropriada ao texto.

Em primeiro lugar, Chang traduz obrigatoriamente *zhi* 知, "conhecer", por "afirmar", fora do campo semântico do ideograma: "Quando a beleza é universalmente afirmada como beleza, nisso está a feiura". "Beleza" não é, no original, o sujeito, mas o objeto do verbo "conhecer". A sentença original é ambigua, já que o conectivo *si* 斯 significa tanto o demonstrativo "isto" quanto "então". Exemplo dos dois casos: "Quando todo

---

15. Ernest Klein, *A comprehensive etymological dictionary of the english language*, Amsterdam, Elsevier, 1971.

16. Chen Gu Ying, *Laozi: Sin Zhu Jin Du* [Laozi: leitura e comentários atuais], Taiwan, Shan Wu Yin Shu Guan, 1977, p 52.

17. Chang Chung Yuan, *Tao: A New Way of Thinking*, Taiwan, 1977, pp 7-11.

mundo reconhece a beleza como beleza, isto é em si mesmo a feiura" (John Wu); "É porque cada um sob o céu reconhece a beleza como beleza que a ideia de feiura existe" (Arthur Waley).

Evidentemente ocorre a oposição na análise dessa ordem cognoscitiva, nas segundas intenções (conhecer o belo como belo), e não na simples ordem cognoscitiva ou nas primeiras intenções (conhecer o belo, reconhecer o belo). Entende-se, assim, porque Chang propõe a "beleza" como sujeito. Sua tradução, porém, não eliminou a dualidade do conhecimento. Mas da mesma forma que no capítulo 1 elimina-se o "nome eterno" da interpretação, aqui se abole esse aspecto dual, necessário para interpretar o texto. Laozi teria então simplesmente dito: "quando se conhece o belo, eis justamente o feio": "Sob o céu universalmente [em abstrato] conhece do belo (primeira instância em que não há o feio) o que o faz belo (segunda instância do pensamento abstrato, que se acusa desconsiderar o feio), eis pois o feio (se tomarmos *si* 斯 como um demonstrativo, o feio indica a geração da oposição pela abstração, se causal, o feio é o oposto gerado no pensamento)".

O feio é a percepção do mundo que está em desarmonia com a percepção de si. O sujeito age no mundo impondo tecnicamente sua forma alienada, que é o não-bom.

Em hipótese alguma pode-se advogar, em Laozi, harmonia ou união entre belo e feio, bom e mau, já que estes indicam a oposição, sempre criticada no livro: "eis que sem disputa não há oposição" (8); "a virtude de não competir" (68); "o bem supremo [e não a suprema união de bem e mal] é como a água" (8); "o homem bom [e não misto de bom e mau] é exemplo para o homem não-bom" (27); "com o bom eu sou bom / com o não-bom também sou bom / tal é a bondade da virtude [e não 'harmonia' de bem e mal]" (49); "o curso do céu... sempre fica com o homem bom" (79).

O ponto é corroborado por Shankara (780–820 d.C.) que, na

perspectiva da Advaita Vedanta, mesmo defendendo a transcendência dos opostos, não admite a unidade entre bem e mal, mas a escolha do bem no plano dual:

Em relação àquele Brahman não surge o erro de não atuar no bem, pois não há nada de bom a ser adquirido ou de mal a ser evitado por aquele Brahman que é por natureza eternamente livre. Mas o ser corporificado não o é. Em relação a este, pode surgir o erro de não atuar no que é bom.[18]

E em seguida, completa: "quanto aos malfeitores, entram no lugar da Morte e sofrem os tormentos do Inferno, de acordo com seus próprios malefícios".[19]

No capítulo 20, Laozi nega tratar novamente o bem e o mal: "Bem e mal quanto se distinguem?... estéril! esse nem sim nem não". Quando o bem se dá em confronto com o mal, torna-se interminável; o que nos parece um bem talvez seja um mal, o que nos parece um mal talvez seja um bem.

Chang Chung-Yuan admite, contra toda evidência, a identidade entre o bem e o mal, tratando de uma "dialética" que, contrariamente à de Hegel, é chamada de "dialética da auto-identidade dos contraditórios".[20]

Reiteramos que Laozi critica o surgimento da oposição pela análise conceitual: "Quando se conhece [é no conhecimento] do bom que o faz bom". A realidade não é, para Laozi, contraditória, pois isto seria considerar a oposição ou a dualidade, contra o que afirma Laozi: "o curso gera o um, o um gera o dois" (43). Não há que formular nenhum princípio não-contraditório. Embora Chang diga ser válido o princípio de

---

18. Shankaracarya, *Brahma Sutra Bhasya*, Calcutá, Ry P.K Ghosh at the East and Printery, p 348.
19. Op.cit., p 575.
20. "Na auto-identidade da contradição, os opostos de ser e não-ser, beleza e feiura, são mutuamente identificados entre si e não numa síntese superior." Chang Chung-Yuan, op.cit., pp 9–10.

contradição, reitera que os contraditórios são idênticos. Conforme o pressuposto aristotélico, a contradição (e não a contrariedade) do pensamento não é real, e isto é justamente a marca de um pensamento irreconciliável com o real. Assim, para que se pense o que é, é preciso excluir a contradição do pensamento. E a contradição e dualidade em ser e não-ser não deve ser considerada real. Para afirmar o ser deve-se negar, no pensar, o que é só do pensar. Com a negação, elimina-se do pensar o que é só do pensar. Há então identidade e diferença entre ser e pensar. Então para pensar o ser, isto é, para haver identidade entre ser e pensar, é preciso eliminar do pensar a diferença. Deste modo, podemos dizer que o ser simplesmente exclui o não-ser. Esta lógica exclui da ontologia o meramente lógico.

Em Hegel, há uma tentativa de manter a identidade e a diferença entre ser e não-ser:

O puro ser e o puro nada são pois o mesmo... A verdade, entretanto, não está no fato de se distinguirem, mas por não serem o mesmo, absolutamente indistintos, não-separados e inseparáveis. Cada qual se esvanece em seu contrário imediatamente.[21]

Mantém-se a todo custo a identidade e a diferença entre ser e não-ser, único sistema propriamente dialético, entre ser e pensar que não considera nenhuma diferença real entre ser e pensar.

Heidegger, por sua vez, funda ou faz surgir o ser do nada (a criação *ex-nihilo*, sem Criador). Sartre soma o nada ao ser; Bergson propõe eliminar o nada do próprio pensar. E, então, Chang meramente identifica ser e não-ser sem considerar a diferença, o que separa radicalmente ser e pensar. Se se tratasse de uma ataraxia, seria o caso de interpretar Laozi como costumeiramente se faz com Nagarjuna (c. 150 d.C.), o que até

---

21. Hegel, *Wissenschaft der Logik*, vol. 1, p 83.

certo ponto caberia a Zhuangzi, mas não para Laozi: "o homem santo pratica a doutrina sem falar" (2). Mas identificar bem e mal e fazer desses abstratos a realidade, é justamente a síntese definitiva do pensamento abstrato. A realidade é a absoluta indiferença (1).

Laozi não é contra o conhecer. O problema não é conhecer o belo e sim querer conhecer o que faz o belo ser belo, o que não seria contra a lógica do ser, mas contra a lógica formalizada do pensar.[22]

Não há nenhum antagonismo natural em Laozi. Este modo de "ver" a natureza provém de uma corrente bem característica da filosofia ocidental que considera a luta dos contrários como vida. O fragmento 53 de Heráclito (c. 540-c.480 a.C.) assim discorre: "O combate [*polemos*] é o pai de todas as coisas...". Para Laozi é a paz que vivifica. Uma vez que sentimos a vida como luta e a paz como morte, é difícil consentir com Laozi.

Depois das consideradões dessas duas sentenças, passemos às seguintes. Primeiro, é preciso que o pensamento abstrato discrimine o conhecimento da realidade, e que considere as oposições do pensamento como dependentes de um sujeito sensível. Por isso, "o homem santo cumpre os atos sem atuar [sem separar sujeito e mundo], pratica a doutrina sem falar" (2). Que manifesto e imanifesto sejam relativos a nós, é mais uma vez demonstrado pelos pares restantes. Poderíamos considerar esses pares como complementares, mas não dizer que a realidade é uma união de partes em equilíbrio. Não se deve confundir o pensamento de Laozi com a doutrina *Yin-yang* da dinastia Han (206 a.C.-208 d.C.).[23]

Devemos, contudo, considerar alguns trechos em que se

22. Encontramos em Goethe pontos de convergência: "Qualquer um, porque fala, acredita poder também falar sobre a fala; O supremo seria compreender que todo fáctico é teoria". Goethe, *Sämtliche Werke*, Leipzig, Otto Regel, vol. 5, Maxinannd, Reflexionem, pp 781 e 811.

23. Fung Yu-Lan, *History of Chinese Philosophy*, Princenton, Princenton University Press, 1957, vol. 1, p 159s.

menciona o manifesto e o imanifesto. No capítulo 1, do ponto de vista do *Dao*, são idênticos, já que tudo é nele manifesto. No capítulo 2, do ponto de vista de um sujeito finito, são correlativos. Já no capítulo 40, a fim de exprimir algo além do sujeito, o manifesto é subordinado ao imanifesto: "o manifesto nasce do imanifesto" (40).

Não se deve, porém, considerar o manifesto como ilusório. Nele, contemplamos o delineamento (ou contorno do *Dao* (1): "imanifesto e manifesto consurgem" (2); "utilizando-se o manifesto, o útil é o imanifesto" (11).

É preciso entender ainda uma das noções mais importantes de Laozi: o *wuwei* 無為, "não-atuar".

A obra de Laozi, por volta de 500 a.C., insere-se na chamada época axial, um período de grande mudanças, época em que surge a escrita, a história, o pensamento abstrato adquire expressão e realização técnica.[24] É a urbanização das sociedades que se tornam sempre mais complexas. É a época dominada pela sabedoria que vai consistir na ordenação política da sociedade complexa. A unidade política começa a superpor-se, como ideal, às divisões das famílias, dos clãs, das tribos etc. A crise, porém, é enorme. Por isso, não é de estranhar a crítica que o livro de Laozi move contra o sábio e contra a sabedoria. Confúcio (551–479 a.C.) aceitara a mudança, porém resgatou valores antigos das comunidades. Laozi não aceitou a urbanização (80). Confúcio admitiu apenas um saber que se realize na ação: "aprender e na ocasião oportuna exercitá-lo, não é pois um prazer?".

Será oportuno considerar, de passagem, a voz ativa, a voz passiva e a voz média do verbo, e tentar mostrar que "não-atuar" deve ser entendido na voz média. O *wuwei* critica o sujeito ativo ("eu atuo no mundo"), critica ainda mais o sujeito passivo ("eu sou regido pelo mundo"). E não tendo forma

---

24. Carl Jaspers, *Vom Ursprung und Ziel der Geschichte*, München, R Piper & Co. Verlag, 1953.

sintética para exprimir a voz média, poderíamos propor analiticamente: Eu (não como sujeito separado) deixo que o curso (que não precisa atuar porque tudo nele é ato) seja ato em mim.

Schöfer, num interessante livro sobre o pensamento mítico,[25] apresenta a análise da voz média nos verbos indo-europeus como chave interpretativa do pensamento mítico. Num estágio anterior tínhamos a voz ativa, a média e a passiva. Num estágio ainda mais remoto tínhamos apenas a voz ativa e a média. Schöfer, então, estabelece a hipótese de que a forma inicial de expressão seria a voz média. Esta corresponderia ao estágio em que o homem não se distingue do mundo; a ausência da voz média, em nossa época, corresponde ao estágio em que a separação é total. Não temos, segundo Schöfer, mais a possibilidade de exprimir a relação homem-mundo. E o desaparecimento da voz média dá-se, hipoteticamente, entre 500 e 400 a.C., durante a época axial.

Muitas noções (o que é notado) que eram concebidas globalmente como atividade e repouso, hoje soam paradoxais. "Noé é, como Buda, aquele que é tão ativo que sua atividade é repouso."[26]

Na língua chinesa, quanto mais se retroagir no tempo, mais domina a voz média, o que gera dificuldades na tradução.

É por isso que o "não-atuar" de Laozi é expresso de forma paradoxal. Ser é deixar-se ser. Este 'deixar ser' não se opõe à passividade. É ato que não tem resistência, ato não separado da origem.

3 — Pacificar o povo

A "sabedoria", *zhi* 智, enaltecida por Confúcio,[27] é criticada por Laozi. A "santidade", *sheng* 聖, mesmo em Confúcio, indica a perfeição moral, não a intelectual. Por isso, deve-se, no *Dao*

---

25. Wolfgang von Schöfer, *Was geht uns Nach an?*, München/Basel, Ernst Reinhardt Verlag, 1968.
26. Op.cit., p 22.
27. Confúcio, Op.cit., 6, 22

De Jing, traduzir *zhi* por "sabedoria" e *sheng* por "santidade", para não escamotear a crítica de Laozi à sabedoria.

A questão política integra, em Laozi, a questão existencial. Needham[28] esclareceu muito bem que a imputação de "ermitões irresponsáveis" dos confucianos aos taoístas, é infundada. Laozi não prega o anacoretismo, mas o cenobitismo. Não indivíduos, mas comunidades isoladas (80). No capítulo 20, não se exorta a vida solitária, mas se exprime a inadaptação à sociedade complexa, considerada antinatural. A seguinte observação de Needham, não obstante suas outras posições não aplicáveis ao *Dao De Jing*, mas parcialmente ao Taoísmo posterior, é uma das chaves interpretativas da posição de Laozi: "é surpreendente que a inimizade dos taoístas, não só ao confucionismo, mas a todo o sistema feudal, não tenha sido entendida de modo mais amplo".[29] Aceitar essa sociedade complexa, e querer dirigi-la pelos princípios que Laozi exalta nas comunidades é um desvio funesto ("pouca gente", (80)). A esse respeito diz Creel:

Essa concepção [taoísta] teve, quando em mãos erradas, consequências terríveis. Na concepção do sábio taoísta, o Taoísmo legou a humanidade um monstro. É irônico como o Taoísmo, em sua raiz tão anárquico, foi fortemente associado ao governo. Esta conexão é tão comum que uma famosa obra da dinastia Han descreveu o Taoísmo como método do regente em seu trono.[30]

O "anarquismo" de Laozi, que afirma a autoridade natural, não instituída e representativa, só vale para as comunidades isoladas, em que a autoridade social, ou seja, o que une os elementos do grupo, coincide com o próprio grupo, já que essa

---

28. Joseph Needham, "The Tao Chia and Taoism", em *Science and Civilization in China*, Cambridge, 1956, vol. 2, cap. 10.

29. Op.cit., p 100. Ver também os capítulos 17 e 19.

30. Herrlee Glessner Creel, *Chinese Thought*, London, University Paperbacks, 1962, p 124.

união é considerada natural. Querer o povo ignorante na sociedade complexa é torná-lo escravo de um órgão separado que o governa.

O confucionismo, aceitando a sociedade complexa, requer a transposição dos valores comunitários para a sociedade complexa. Aí estaria a "sabedoria". O homem santo, autoridade natural, passa a sábio, autoridade instituída e representativa, integrador político da sociedade complexa. É essa sabedoria e esse sábio que Laozi critica. "Não salientar os virtuosos deixa o povo não competir" (3) indica bem que os valores não devem ser representativos e de investidura, já que os que não tem valor competiriam para obter o cargo e o reconhecimento formal do valor que não têm.

Posteriormente o legismo, o principal autor (e autoridade) da unificação política que estabeleceu o Império Chinês em 221 a.C., não só vai assumir a sociedade complexa (o que Laozi não queria), como também vai recusar que essa possa reger-se pelos valores comunitários (o que concorda com Laozi contra a sabedoria confuciana). Han Fei (280–231 a.C.), o principal autor legista, propõe a autoridade simbólica do príncipe (o carisma em relação às massas), o poder de mando efetivo do príncipe em relação à classe dirigente por meio de lei escrita e tecnicamente aplicada a todos. E Han Fei, para fundamentar o legismo, vai ser o primeiro comentador do *Dao De Jing*:

勢必於自然則無為言於勢矣.
吾所為言勢者言人之所設也.

Se se considera a autoridade natural, nada tenho a declarar; O que quero considerar é a autoridade estabelecida.[31]

Han Fei procura dizer que é preciso ser realista, pois não é mais possível falar de uma autoridade natural, já que também não há mais comunidades isoladas. Mas, para esta sociedade complexa, Han Fei baseia-se em Laozi, não em Confúcio. Foi justamente na dinastia Qin (221–206 a.C.), considerado o

31. Han Fei, vol 4, p 16.

período mais totalitário da história da China, que houve impiedosa perseguição aos "sábios", e a queima dos clássicos da literatura: "não deixe o sábio ousar atuar" (3).

O ponto principal a destacar é que, como o retorno à vida comunitária proposto por Laozi não foi concretizado, o taoísmo posterior teve que adaptar-se a uma outra realidade que o tornou irreconhecível: "O desvio do homem... teus dias teimosamente duram" (58).

4 — Sem origem

Para alguns, o trecho "abranda o cume / [...] congloba o pó" deveria ocorrer só no capítulo 56.

Na primeira sentença, Yu Pei Lin,[32] substituiu *chong* 沖, "vácuo", "vazio", por *zhong* 盅, "vaso", "taça". Teríamos: "O curso é um vaso vazio". Com isso, não se altera o sentido que diz ser o *Dao* uma plenitude apresentada como vácuo esvaziando nossa preenchida vacuidade.

Neste capítulo, é fundamental considerar com atenção o ideograma *Di* 帝, que indicava, basicamente, os ancestrais divinizados da dinastia Shang (1573–1028 a.C., cronologia restaurada). Nas inscrições oraculares encontradas nos ossos, *Di* significava "sacrificar", talvez sem sentido original, e junto ao nome de um rei anterior, indicava a glorificação de um determinado ancestral. Em muitos casos tem sentidos incertos e, geralmente, servia para reverenciar uma divindade suprema.[33]

Xiang 象, na última sentença, mesmo que traduzido por "parece", "ser como", tem sentido mais forte, pois significa também "imagem". Podemos agora entender esse capítulo, realmente surpreendente: usa-se de imagens méticas para desmistificar o mito da divinização dos ancestrais que, posteriormente, foi assumido integralmente pelo príncipe de Qin para, em 221 a.C., divinizar-se como imperador.

32. Yu Pei Lin, Op.cit., p 23.
33. D Howard Smith, *Chinese Religions*, New York, Holt, Rinehart and Winston, 1968, pp 5–6.

Podemos agora esboçar o sentido da sentença final. Para satisfazer a imaginação, podemos considerá-lo como um antepassado, um primeiro (*xian* 先, que significa tanto "antes", "primeiro", "anterior" quanto "antepassado", "primeiros"). Nesse caso, é preciso o cuidado de considerá-lo anterior ao nosso primeiro ancestral glorificado. Não divinizemos nosso primeiro ancestral. No entanto, as presunções genealógicas dos imperadores queriam divina apenas sua própria genealogia.

5 — Eficácia do esvaziar-se

A expressão "cães-de-palha" está no capítulo 14, de Zhuangzi:

夫芻狗之未陳也,
盛以篋衍, 巾以文繡,
尸祝齋戒以將之,
及其已陳也,
行者踐其首脊,
蘇者取而 爨之而已.

Antes da oferenda dos cães-de-palha, estes são guardados em caixas e revestidos de brocados. O representante dos mortos e o chantre jejuam e observam as prescrições para cuidar deles. Depois da oferenda, os passantes pisam nas suas cabeças e colunas. Então os catadores de grama simplesmente os apanham e queimam, eis tudo.[34]

Ora, os exemplos feitos para ilustrar geralmente levam a interpretações distorcidas, principalmente quando o contexto cultural é distante no espaço e no tempo. Por isso, não devem ter maior peso que outros textos em que o autor é explícito. Muitos extraíram do exemplo que o *Dao* seria uma força impessoal e não providencial, e que consideraria apenas a totalidade e não os indivíduos. Se assim, o *Dao*, harmonizador universal, não harmonizaria os indivíduos com a totalidade e este texto impugnaria os restantes que afirmam ser o céu e a terra bons,

---

34. Zhuangzi, *Textos com comentários de Huang Jin Heng*, Taiwan, San Min, 1974, p 182.

sem os belos sentimentos de bondade humana, nem sempre bons: "O curso do céu, sem ser sentimental/ sempre fica com o homem bom" (79). Ou "o curso do céu beneficia sem prejudicar" (81). E quando se compara o curso do céu com o do homem, este é o não justo: "O curso do céu... / tira do mais e completa o menos / o curso do homem é o reverso:/ tira do menos para ofertar ao mais" (77).

Ren 仁, "amor-humano", "benevolência", "humanismo", neste trecho usado verbalmente, "amar humanamente", é a virtude fundamental do confucionismo. Alguns acham que Laozi critica o *ren* por considerá-lo um amor parcial, de predileção. É importante salientar que Laozi não critica o *ren*, amor humano, sua crítica é ao considerá-lo o fundamento das virtudes. O *ren* vem depois do curso e da virtude.

O legismo vai arrancar do texto o direito do Estado de sacrificar indivíduos. Mêncio (371–289 a.C.), seguidor de Confúcio, propõe o sacrifício pela virtude. Num célebre trecho (6A, capítulo 11), diz que sacrificaria a vida que tanto ama por um valor superior, a virtude. Victor Von Strauss comenta este texto:

Laozi sabia quão pouco existe no amor humano que como bondade do coração não raramente só é fraqueza quando não enraizado no supremo fundamento moral, no eterno. Daé, sua renitente polêmica contra o ren *que Confúcio qualificava de suprema virtude.*[35]

Que seja esta a interpretação que condiz com o resto do livro, não há dúvida. O homem santo diz que "eu tenho três joias a guardar e cuidar / a primeira soa: "misericórdia" (67). Que não tenha sido essa a interpretação dada, mas a do monstro de que fala Creel, também não há dúvida. Assim, assistem razões históricas a Wieger ao dizer sobre esse capítulo:

A história da China está repleta de aplicações deste princípio [do sacrifício do indivíduo]. Tal ministro, por muito tempo

---

35. Victor von Strauss, *Lao Tse*, pp 186.

bajulado, é subitamente executado por haver mudado a direção política. Sua hora chegou na revolução universal, cão-de-palha, e ele é eliminado.[36]

O exemplo do fole é também muito citado. O fole recebe ar que posto em movimento produz vento. Com esse exemplo, Laozi ilustra a ação recíproca entre o céu e a terra com a particularidade de não se contrair para esvaziar-se e este em lugar de aspirar o ar ainda o extravasa. Laozi indica que a ação criadora é inesgotável e sem esforço. Do exemplo, não se deve inferir que tal ação seja inconsciente, como sugere Wierger.[37]

Mais uma vez tira-se do exemplo o que em outro contexto é refutado: "O curso segue a si" (25), contra a tese de sua inconsciência, ele não é um fole.

Ainda há um problema quanto ao ideograma *zhong* 中, "médio", "meio", "centro". Alguns querem substituí-lo por *chong* 沖, "vazio", pois *zhong* seria um conceito confuciano. Temos também em Laozi: "Manter saturando, melhor cessar" (9); "o homem santo afasta o demasiado / o desmesurado / o desqualificado" (29). Não há razão para substituir o ideograma.

O médio para Confúcio é mais uma via de aperfeiçoamento, enquanto para Laozi é o curso místico que se deixar (voz média) entregar ao curso.

6 — Formar imagem

Este capítulo está também em outro livro clássico taoísta, o *Liezi* (cap.1,B). O *Liezi* atribui o trecho a um livro que teria

---

36. Léon Wieger, *Les Pères du Systeme Taöiste*Les Humanités d'Extrême-Orient, Cathasia, série culturelle des Hautes Etudes de Tien-Tsin, Paris: LES BELLES LETTRES, 1950, p 22.

37. "O Princípio produz o universo feito de seres, mas só o universo importa, e não algum ser particular, se é que se possa empregar o termo importar a um produtor que sopra sua obra sem conhecê-la. O Brahma dos vedantistas tem pelo menos alguma complacência pelas bolhas de sabão que sopra. O princípio dos taoístas, não." Wieger, op.cit. p 23.

sido escrito pelo lendário regente Huang Di (2697-2597 a.C.). Huang Di é considerado o ancestral da tradição taoísta.

Para figurar o curso inesgotável e incansável, Laozi teria usado versos inscritos numa fonte que nunca secava. Já que se trata de tradição remota, a compreensão de tais símbolos ficou obscurecida. Por isso, são múltiplas as análises simbólicas feitas por autores chineses posteriores.

Há uma tendência predominante no *Dao De Jing* em intuir o *Dao* como feminino. Temos um paralelo na cultura hindu Sakti:

Ela passou logo a ser adorada como Devi, idêntica a Brahma, o absoluto, cuja natureza é sat, cit e ananda, e que pode ser contemplado como masculino, feminino ou sem atributos. Brahma, Vishnu e Shiva efetuam suas funções de criar, preservar e destruir obedecendo a Sakti.[38]

Needham aponta a proposta de vida em pequenas comunidades, que não veio a se confirmar, mas não considera que essa tendência é incompatível com a promoção do conhecimento técnico que vai possibilitar a vida urbana. Por isso, os textos de Laozi sempre desmentem esse impulso técnico: "mesmo tendo instrumentos de 10 ou cem [homens] não se usem" (80).

Ou ainda, "quanto maior a inventiva dos homens / tanto mais coisas anormais" (57).

Devemos notar que muitos textos são também interpretados de acordo com a religião taoísta posterior, com seus processos de nutrir e perpetuar o princípio vital pela meditação, como faz o autor recente, Xi Chang An, em sua obra *Comentários ao sentido interno e externo de Laozi*.[39] Assim *gu* 谷, "vale", também significa "nutrir". A primeira sentença, então, ficaria: "Nutrindo o espírito, nunca se morre" ou "o espírito nutriente nunca morre". Mas Laozi é explícito contra essa interpretação: "o coração no controle do sopro soa: rigidez" (55).

---

38. S Radhakrishnan, *Indian Philosophy*, Londres, Georg Allen & Unwin, 1951, Vol 2. p 734-735.
39. Xi Chang An. *Lao Zi Nei Wai Shuang Jie*, Hong Kong, Li Feng Chu.

7 — Sombrear a luz

O céu e a terra não vivem em si como se fossem sua própria origem, pois procedem do *Dao* imanifesto (1) e não se destacam de sua raiz, o místico feminino (4). A duração rítmica do tempo presente está na eternidade. Assim também ocorre com o homem santo, pois ele não se individualiza como se fosse seu próprio centro original.

As duas sentenças finais são bastante enfáticas por causa do ideograma *si* 私,que quer dizer "egoísta", "pessoal", "parcial", como se afirmasse: "Por renunciar aos seus próprios interesses, realiza o que lhe é próprio".

A tese de Laozi é clara: a verdadeira individuação é um encontro com os outros na origem. O *homo religiosus*, sem sua própria origem, procura a singularidade no fundamento de seu ser, do qual se separou.

Os membros participam da comunidade para satisfazerem suas necessidades individuais. Nesse caso, são agentes desagregadores porque querem do grupo só o que lhes interessa. O ermitão renuncia ao grupo para realizar sua individualidade separadamente. O homem santo renuncia a seus interesses pessoais (o que não fazem os que só têm consciência grupal), mas não renuncia a sua natureza social (como o ermitão), realizando sua individuação ao concretizar a unidade do grupo. Nesse sentido, ele é autoridade social, autor do grupo, individualidade destacada no grupo.

8 — Índole fácil

A água é a imagem preferida de Laozi para o curso. Recorre em vários pontos do *Dao De Jing*. Não há necessidade de explicações. Apenas recordo que Alan Watts escreveu um livro sobre o taoísmo com o título sugestivo de *Tao: o caminho do curso aquático*.[40]

---

40. Alan Watts, *Tao: The watercourse Way*, New York, Pantheon Books, 1973.

9 — Promover a tranquilidade

Os objetos exemplificados nas primeiras duas sentenças não são mencionados. Provavelmente um vaso e uma espada. Estas sentenças comprovam o médio que é justo (5). Não há perfeição no exagero e no esforço. Outros interpretam-nas dizendo que não se devem efetuar ações discordantes, pois enquanto se afia uma espada não se deve averiguar o corte. Mas as duas sentenças seguintes confirmam a condenação do entesouramento e da vaidade.

Consideremos a sentença final: "Concluída a obra, abster-se. Eis o curso do céu". A obra se realiza sem que se atue como agente separado, mas deixando-a surgir. Vemos mais uma vez que o não-atuar não é uma permanência sem ação. A obra se realiza, o que não pode ser entendido conforme a concepção corrente da técnica.[41]

Em Laozi, é claro, não é o homem, mas a natureza (no sentido da vida que nasce), que produz, quando o homem deixa (faz deixar). A técnica do homem está em deixar surgir.

O *Dao De Jing* pede para não agir por conta própria como um indivíduo separado.

10 — Possibilidades de atuação

Da mesma forma que muitos interpretam certos capítulos do *Dao De Jing* como um manual de política, outros interpretam alguns capítulos como um formulário de técnicas de nutrir, crescer e imortalizar o princípio vital. Assim, Arthur Waley interpreta *po* 魄, "alma terrestre", como "sêmen" e diz que se mencionam técnicas de higiene sexual paralelas às técnicas de respiração. E diz, por exemplo, que a fêmea (a mãe-pássaro)

---

41. A este respeito é muito ilustrativo o texto de Heidegger: "A concepção corrente da técnica, segundo a qual ela é um meio e um operar humano, pode ser denominada, deste modo, a determinação instrumental e antropológica da técnica". Heidegger, *Die Technik und die Kehre*, Neske Verlag, Berlin, 1962, p 6. Heidegger descobre a essência da técnica no modo de manifestar a totalidade dos seres.

refere-se à abertura e fechamento da boca e das narinas.⁴² Mas isso é embaçar as imagens impedindo que desvelem simbolicamente o que velam. Convém considerá-las misticamente.

Vimos (1) que o mistério que nos cega e emudece atua na transcendência. Na via mística transcursamos o que somos. O fundamento do misticismo é não sermos nosso fundamento. E temos que ser nesse fundamento por virtude do mesmo (a virtude mística). célebre Podemos aduzir, em sentido contrário, com alguns reparos, a posição de Maspero, um dos maiores estudiosos do taoísmo:

*Laozi e a escola a de Zhuangzi e a de Liezi, que o incorporou, ao desenvolver técnicas espirituais, fizeram da via mística o processo escolhido para alcançar a imortalidade. Sem respeitar os outros processos, colocaram-nos em segundo plano.*⁴³

É preciso ressaltar que além das diferenças consideráveis entre o taoísmo místico e o taoísmo mágico posterior, é preciso considerar as diferenças entre Laozi, Zhuangzi e Liezi. Falar em técnicas espirituais, principalmente no sentido instrumental e antropológico de técnica (9), é magia.

No texto, os comentadores chineses consideram que na primeira sentença o ideograma *Ying* 營, "acampamento", "empreender", está no lugar de *hun* 魂, "alma celestial".

Temos no *Dao De Jing* cinco ideogramas para alma e espírito:

(10) Po 魂, Hun 魂
  (39) Shen 神, Ling 靈
  (60) Gui 鬼

Quanto à intrincada questão da alma na religião chinesa faremos um brevíssimo apanhado da obra de De Groot que,

---

42. Arthur Waley, *The Way and its Power*, Les Humanités d'Extrême-Orient, Cathasia, série culturelle des Hautes Etudes de Tien-Tsin, Paris, pp 153–154.

43. Henri Maspero, *Le Taoisme et les religions chinoises*, Paris, Gallimard, p 316.

com seus seis volumes, ainda é a mais completa.[44] O quarto volume é dedicado à alma e ao culto dos ancestrais:

Há duas almas atribuídas ao Homem: o *shen* ou alma imaterial que emana da parte celeste e etérea do cosmos e consiste da substância *yang*. Quando opera ativamente no corpo humano é chamado *qi* ou "sopro vital" e *hun*, quando dele se separa após a morte, e o *gui*, a alma material, que emana da parte terrestre do universo, *yin*. No homem vivo opera sob o nome de *po* e na morte retorna à terra.[45]

Mesmo que *po*, a alma terrestre e *hun*, a alma celeste, multiplicarem-se em três *po* e sete *hun*, funcionam como dois grupos. Outro ponto interessante é notar que do mesmo modo que na Índia a teoria da transmigração das almas é posterior aos Vedas, as escrituras sagradas normativas da ortodoxia hindu, também na China não é encontrada antes da dinastia Jin (265-420 d.C.).[46] Assim o atestaram Radhakrishnan na Índia e De Groot na China, respectivamente. A sugestão (dos Vedas) é que só há uma vida depois dessa, e sua natureza é determinada por nossa conduta em vida.[47] Ainda temos a destacar na obra de De Groot de 1892 que ele usa para *shen* (ou *hun*), alma espiritual, o termo "animus"; e para *gui* (ou *hun*) o termo "anima".[48]

Mas como "o coração no controle do sopro soa: rigidez" (55), isto é, morte, não iremos interpretar este espírito como a endogênese da alma através da respiração. Victor

---

44. JJM de Groot, *The Religions System of China*, Taipei, Ch'eng Wen Publishing Co., 1976 [1892].
45. Op.cit., vol 4, p 5.
46. Groot, Op.cit., p 143.
47. S Radhakrishnan, *Indian Philosophy*, George Allen & Unwin, 1951, vol. 1, p 134.
48. "Considerando que os chineses conferem atributos masculinos ao Céu, o poder frutificador do Universo, enquanto conferem um caráter feminino à Terra que recebe a frutificação do Céu, nós podemos chamar *shen*, o *animus* e *gui*, a *anima*". Op.cit., p 4.

von Strauss[49] interpreta a unidade entre as almas como a necessidade da alma sensível ser assumida e determinada pelo princípio espiritual. Assim é superada a dualidade pela espiritualização do sensível. O *qi*, "alento", "sopro vital", "vapor", "ar", "atmosfera", "o elemento sutil das coisas" ("o éter"), nota bem Strauss, nunca foi espiritualizado, embora permaneça algo físico e imaterial. Mas seria preferível considerá-lo algo material, mas não experimental, que transcende nossa sensibilidade. O espelho místico, purificado de nossa visão dual (a cegueira do mistério), reflete unitivamente o *Dao*. A porta celestial que se abre e fecha indica o ritmo natural.

11 — Uso do imanifesto

Laozi não usa neste capítulo o ideograma para "vazio" ou "vão", mas *wu* 無, "não haver", que substantivado é preferível, como vimos, traduzir por imanifesto, já que indica "o ocultar-se ao sujeito que se limita no conhecimento". Aqueles, como Castellani, que traduzem o título deste capítulo por "a utilidade do nada", confirma nas explicações o sentido de imanifesto e que não entende por nada o que chama de nada.[50] Ou seja, o imanifesto. Se para Heidegger, o ser revelando-se oculta-se, o ocultar não deveria hipostasiar-se num "ser no seio do nada", correspondente à consciência limitante, mas revelar o ser ao apagar essa própria consciência limitante.

Na via inversa, geralmente preferida, o ocultamento torna-se inconsciência e o inconsciente é absoluto. Manifesto e imanifesto geram-se mutuamente (2), e o aproveitamento do manifesto cria o uso do imanifesto.

---

49. Victor von Strauss, Op.cit., pp 202–203.

50. "O sentido alusivo de todas estas imagens aparentemente paradoxais é indicar que para o homem é mais importante o que é insensível e invisível."

12 — Restrição dos desejos

Castellani afirma que "Laozi aconselha a abstenção completa de exercícios espirituais e corporais, que só podem desgastar inconvenientemente as almas *po* e *hun*".[51]

Mas a maior parte dos comentaristas aponta uma crítica ao empirismo e ao hedonismo. No capítulo 5 da obra legista *Guanzi* (provavelmente do III século a.C.), há uma amostra sugestiva contra o hedonismo. "Estimulá-los [os hedonistas] é abrir caminho para a dissolução e a depravação, abolir a diferença entre os sexos é regredir efetivamente ao reino das bestas".

O empirismo, contrariamente ao que opina Needham, é criticado no *Dao de jing*: "sem sair de casa, conhece-se o mundo [...] o homem santo... / não anda... e conhece / não vê... e nomeia" (47). E contra o hedonismo, temos a consequente expressão na conduta: "o homem santo... / deseja não desejar" (64).

Dizendo que o homem santo é entranhas e não olhos, diz-se que ele não se separa de seu fundamento, onde está entranhado, olhando um mundo aparentemente dele separado.

Na última sentença temos os pronomes demonstrativos *ci* 此, "isto", "aqui", "este", e *bi* 彼, "aquilo", "aquele". Apenas Paul Derain inverte inexplicavelmente a relação, afirmando que "ele rejeita isto e adota aquilo".[52] O ponto é interpretar os demonstrativos como pronomes ou substantivos. É preferível substantivá-los. A mesma expressão ocorre nos capítulos 38 e 62. O sentido é o homem santo entranhar-se no que é imediato, em seu fundamento, e não se alienar distante deste fundamento.

---

51. Alberto Castellani, op.cit., p 17.
52. Paul Derain, *Lao Tsu, Tao Te King*, Les Humanités d'Extrême-Orient, Cathasia, série culturelle des Hautes Etudes de Tien-Tsin, Paris p 32.

13 — Vergonha abominável

Traduzimos *jing* 驚, "temor", pela imagem que o ideograma veicula: um cavalo assustado.

Chen Gu Ying[53] assinala que Laozi não despreza o corpo como foi interpretado posteriormente, através da influência budista. Sendo o corpo fonte de calamidades, é preciso cuidar dele. Do mesmo modo, quem cuida do mundo como do corpo, como uma calamidade, destacado de honras e desonras, pode incumbir-se do mundo.

14 — Louvar o mistério

Neste capítulo, o padre Couplet, em 1667, acreditou encontrar a Divina Trindade. Mas foi Abel Rémusat, precursor dos estudos sinológicos na Europa, quem defendeu a tese academicamente. Atribui a Laozi o conhecimento do nome yhvh (Yehwah), Javé, em seu escrito de 1823. Contra esta tese pronunciou-se Stanislas Julien, seu discípulo, e quase todos os sinólogos. Em 1870, porém, Victor von Strauss e, em 1884, Elkins retomaram a tese.[54]

A tese de Strauss está ligada à migração judaica para a China. Não há dúvida quanto a essa presença. Os judeus foram à China em épocas remotas. Em 1976, o prof. Chen Mu Yi defendeu a tese sobre a assimilação dos judeus na China.[55] O início destas migrações é incerto, mas seriam posteriores. E os chineses não consideraram o fato relevante a ponto de

---

53. Chen Gu Ying, *Comentários e tradução atual a Laozi*, p 81

54. É curioso que Suzuki e Carus, a partir de um conceito negativo de místico, argumentem: "A teoria [do nome YHVH] encontrou suporte num tradutor alemão de Laozi, Victor von Strauss, um místico confesso (sic), mas não é apoiada por nenhum filósofo de posição e não há necessidade de refutá-la." Suzuki & Carus, p 149. E esses autores atribuem também a Laozi essa pecha de místico. "Estou agora inclinado a pensar que Laozi era mais um místico (sic) que um filósofo, e ele reconhecia na disposição do mundo uma disposição paternal e amorosa." Op.cit., p 137.

55. Nicolas Chen Mu Yi, *A comunidade israelita de Khi Fon: um estudo sobre a assimilação dos judeus na China*, tese de doutoramento, FFLCH-USP, 1976.

registrá-lo. Temos apenas uma conjectura histórica. E este trino poderia ter surgido independentemente na cultura chinesa.

Há, de fato, uma aproximação fonética, considerando que *yixiwei* já teria sido uma adaptação fonética do tetragrama ao chinês e que a pronúncia dos ideogramas foi, com o tempo, consideravelmente modificada. Victor von Strauss conclui que os ideogramas são usados como fonogramas.[56] Duyvendak, por exemplo, reconhece-o. "A Via é *xi, yi, wei*, palavras cujo significado (em todo caso a dos dois primeiros) é duvidosa. É a própria definição que os explica".[57]

Fica assim consignada essa tese que já fez parte da história do *Dao De Jing*, e por isso, as primeiras três sentenças podem ser lidas quer pelo som quer pelo sentido. O fundamental é que essa polêmica não altera a questão da importância do *nome eterno*, mas pelo contrário, a reforça.

Neste capítulo, mostra-se a harmonia entre o desvelamento e o ocultamento. A expressão *hu huang* 惚恍, "visão nebulosa", "confuso e nebuloso", "ofuscamento pela luz", traduzimos por "claroescurecer", a fim de exprimir que o desvelamento, obscurecendo-nos, surge no obscurecimento e na iluminação.

Temos ainda que observar que *gu* 古, "antiguidade", "antigo", não tem o sentido de "origem cósmica", mas indica os

---

56. Victor von Strauss, Op.cit., p 210–229, os ideogramas *yi* 夷, *xi* 希 e *wei* 微, pelo menos os primeiros dois, em nenhum outro contexto da literatura chinesa tem o sentido de "incolor", "inaudível" e "informe". Nem em outros trechos em que ocorrem no *Dao De Jing*. Se esses ideogramas fossem traduzidos pelo seu sentido normal, "homogêneo", "raro" e "fino", o texto não teria sentido. Por isso os comentaristas adaptaram os três sentidos de "incolor", "inaudível" e "informe" ao trecho. Ora, Laozi teria usado estas palavras com a negativa, já que ocorrem, ou as palavras apropriadas para estes sentidos. Além disso, as sentenças com esses sentidos *ad hoc*, resultam triviais definições de verbetes de um dicionário: "Ao olhá-lo não se vê, o nome soa: incolor".

57. Duyvendak, Op.cit., p 33.

tempos antigos da humanidade. É nessa origem humana que se dá o desemaranhar do curso.

15 — A virtude revelada

A última sentença vinha acompanhado de uma negação considerada por vezes um erro de transmissão. Mas alguns preferem mantê-la. Por exemplo, "com efeito, uma vez que não estavam plenos, podiam usar-se sem serem renovados".[58]

Mas o texto ganha sentido com a correção de *bu* 不 por *er* 而.

Encontramos nos chineses tanto o mito da idade do ouro quanto o da origem selvagem da humanidade. No taoísmo, há a tendência a dourar a vida selvagem. Os animais não devem ser domesticados.

O que transparece no *Dao De Jing* é estar na origem a perfeição. Assim o lenho tosco é um dos símbolos principais, indicando o lenho rústico, não trabalhado e com suas qualidades originais. E a atividade humana destrói tanto a natureza interna quanto a externa.

Quanto à paz, citemos novamente von Schöfer, que declara que "Noé é, como Buda, aquele que é tão vivo que sua mobilidade é paz".[59]

Quem guarda sua origem no curso não fica cheio de si e, recôndito, mantém-se novo.

16 — Retornando à raiz

A origem não está no passado. O destino é a origem. Retornar à raiz não é retornar ao passado. Não é tresloucar no azar, que impulsionando a um fim sem origem, vai anular-se no mero acaso sem fim. Retornar à raiz é permanecer na eternidade presente.

---

58. Duyvendak, Op.cit., p 35.
59. Wolfgang von Schöffer, Op.cit., p 22.

O ideograma *wang* 王, "rei", "mediador entre céu e terra", também pode indicar a função de mediação. Então é preferível traduzi-lo por "mediador" ou "mediação" (entre o céu e a terra). Em algumas edições, em vez de *wang*, vem *quan* 全, "perfeito", "completo", "total" (22).

Na sentença final, de novo a imortalidade já mencionada em 13 e 33. Influenciados pela modernidade, que só pretende explicar a totalidade da existência humana a partir de uma ciência da matéria bem como transformar sua natureza a partir de uma técnica mecanizada, muitos chineses se esforçam por adaptar os clássicos chineses a essa mentalidade. Vimos (13) que seria difícil interpretar o sentido da imortalidade no *Dao De Jing*. O que é claro, porém, é que esse corpo mortal tem que morrer. Por isso as técnicas de imortalidade física do Taoísmo posterior não podem retroagir a Laozi.

Alguns traduzem *mo* 沒, "submergir", "acabar", "morrer", "nada", por "até o fim", ficando a última sentença: "até o fim da vida não se corre perigo".

Mas esse impulso à imortalidade, mesmo que diferentemente interpretado, é uma constante do taoísmo. Só quando a diferença e indiferença predominaram, foi esse ímpeto anestesiado pelo conformismo de uma vida dilatada na modorra do empirismo.

Vejamos alguns exemplos de traduções divergentes.

Estando de acordo com o Dao, ele é eterno, e toda sua vida está preservada de dano.[60] Identique à la Voie, il dure longtemps; jusqu'à la fin de sa vie, il n'est pas en péril *[Idêntico à Via, ele dura muito tempo; até o fim da vida ele não está em perigo]*[61] To attain Tao is to be everlasting. Even when the body dies, it is not the end *[Alcançar o Dao é ser perpétuo. Mesmo quando o corpo morre não é o fim.*[62]

Quanto à imortalidade, não deixam dúvidas os capítulos

---

60. Lin Yutang, Op.cit., p 591.
61. Duyvendak, Op.cit., p 37.
62. Cheng Chung-Yuan, Op.cit., p 47.

16, 32, 52. O problema está na imortalidade do corpo. Há, grosso modo, duas tendências. Na primeira, o corpo seria apenas uma limitação (alienação, prisão, cristalização) transitória, mesmo que prolongável e indefinida e descontínua, da alma. Esta, liberta da corporificação, seria perfeita em si mesma, seria divina. Na segunda, o corpo é essencial à alma, é sua expressão. Sem corpo, a alma ficaria incompleta, inconsciente. O problema é termos um corpo inadequado, incompleto, decaído, mortal. A meta, então, é conseguir um corpo perfeito e imortal.

O taoísmo posterior seguiu a segunda tendência. Mas em Laozi a questão não é determinável.

17 — Estilo de vida na pureza

Na primeira sentença o ideograma xia 下, "baixo", "inferior", foi corrigido por bu 不, "não".

Laozi transmite que na antiguidade a autoridade social, a organizadora do grupo, não se destacava num grupo representativo. Assim, as cem famílias (os clãs), participando dessa ordem natural, podiam dizer: "por nós somos o que somos". à medida que a sociedade se complexifica, surgem os outros estágios. Confúcio advogava que a autoridade representativa devesse fundar-se na autoridade natural. Depois vai fundar-se apenas na força. Por fim, a revolta. Resumindo as etapas:

1. autoridade natural idêntica ao próprio grupo;

2. autoridade carismática;

3. autoridade baseada só na força;

4. contestação radical da autoridade.

O problema do anarquismo é que não é o governo o único grupo autoritário. A diferença entre o anarquismo contemporâneo e a tendência comunitária de Laozi é sua posição radical contra a violência. O importante é que quando os símbolos de autoridade são dessacralizados, a autoridade funda-se na violência que causa a revolta.

É preciso lembrar ainda que o curso é anterior aos antepassados divinizados (4).

18 — A decadência dos costumes

Neste capítulo, fala-se da decadência do curso. É muito claro que se critica a sabedoria tanto na organização política quanto nos costumes.

Laozi não critica o amor humano, a justiça, o amor filial, a bondade paterna, como virtudes naturais, mas sua transformação em prescrições jurídicas. O texto é claro: "elos familiares discordando". Quando, de fato, não há amor filial e bondade paterna, então estas virtudes são prescritas como obrigações, o amor filial e a bondade paterna do confucionismo. Confúcio ao pretender fundamentar a ordem jurídica da sociedade complexa na ordem moral comunitária, torna a ordem moral dependente da jurídica, destruindo-a.

O legismo posteriormente vai tornar a ordem jurídica independente das virtudes morais dos indivíduos, contra o confucionismo.

Quando as virtudes são formalizadas em regras de conduta, então estas substituem as virtudes, e a prescrição moralista faz com que todos lutem pelo reconhecimento público de serem cumpridores dos deveres, acusando outros de não cumprimento, como os ministros que publicamente proclamam sua lealdade.

19 — Voltar à pureza

Pode-se ver claramente que Laozi não critica o amor filial nem a bondade paterna. Do mesmo modo, abandonar a santidade a fim de não se mostrar santo.

O ideograma *wen* 文 quer dizer "tatuagem", "enfeite", "ornamento", "cultura", "texto escrito", "literatura".

Estas três sentenças não são suficientes. O fundamento é a natureza humana em sua simplicidade no curso.

20 — Diferenciar-se do vulgo

Wei 唯 e e 阿 eram duas maneiras de dizer "sim". A primeira era polida, a segunda rude.[63]

"Festim social" era a cerimônia Tai Lao. As oferendas difeririam conforme os deuses e as ocasiões: para o Sentir do Alto, o Grande Deus do Solo, os Ancestrais reais, havia as Grandes Oferendas, Tai Lao, a saber, três vítimas: touro, carneiro e porco.[64] Havia banquete nesse grande sacrifício.

Laozi ironiza essa sacralização de festas, de orgias, do êxtase da vida sensível, enfim, o paganismo. De um lado, os sábios perdidos na dialética; de outro, a massa sacralizando a mundanidade.

Alguns interpretam o trecho como autobiográfico. Duyvendak,[65] porém, considera com propriedade que o pronome "eu" não deve ser considerado no sentido pessoal, mas deve ser aplicado ao verdadeiro taoísta, já que é constante o uso desse pronome nesse sentido genérico (55). Por exemplo (16), "eu assim as contemplo no refluxo" quer dizer, "pode-se contemplar seu refluxo". Mas isso não impede que o próprio Laozi descrevesse sua situação como genérica.

Isolar-se dessa sociedade complexa que Laozi considerava uma falsa união de homens, não quer dizer anacoretismo como vimos em 3.

Os comentadores todos identificam a mãe nutriente com o *Dao*. É o *Dao* como mãe natureza, verdadeira fonte de vida.

---

63. Zhang Mo Shing, *Nova explicação das sentenças e capítulos de Laozi*, p 87.
64. Henri Maspero,*La Chine Antique,*les Presses universitaires de France (rééd. 1965), p 178.
65. Duyvendak, op. cit, p 45.

21 — Coração oco

Pode-se traduzir perfeitamente *de* 德 por "virtude", lembrando que a moral de Laozi é não formalista (19). Virtude vem do latim *virtus*, "viril", "forte", cognata de *vis*, "homem", "varão". A palavra virtude tem, então, o sentido de "potência", como alguns querem traduzir *de*. É preferível associar a *de* o sentido de "eficiência sem esforço". *De* é a virtude (eficiência sem esforço em atuar o bem) da presença do curso no indivíduo que se deixa (não passivamente) atuar.

O curso feito coisa, ofusca-se de modo que se perde a consciência dos limites. "Isso se diz: claroescurecer" (14). Vemos que no *Dao De Jing* recorre sempre esta figura da integralidade de manifestação e ocultamento, o mesmo, o *mysterium magnum*.

Na imagem, muitos como Legge,[66] quiseram ver o equivalente das ideias platônicas. Mas, no capítulo 35, fala-se da "grande imagem" que os comentaristas identificam com o *Dao*. Não há dualidade entre o *Dao* e sua imagem. Sendo total a transparência, a imagem não aparece como um reflexo, mas é a própria visibilidade absoluta do curso: "isto se diz: forma da não-forma / imagem da não-coisa" (14). Em seu âmago há substância. O *Dao* é o originador do céu e da terra e a mãe das dez-mil-coisas (1), o espaço entre o céu e a terra extravasa sempre mais (5). Não podemos dizer que as coisas preexistam no *Dao*, já que medeia a mesma ambiguidade entre o arquétipo e a imagem arquetípica que ora se confunde com o arquétipo ora com sua representação.

Podemos dizer que o *Dao*, tendo essência em permanente atualidade, cria-se na eternidade. Nesse presente eterno, tudo surge. Nós também estamos presentes, nesse início total, no fundamento ao qual temos um acesso imediato. Podemos ilustrar melhor com um exemplo tirado da defesa de Meister

---

66. James Legge, , p 65.

Eckhart. Este, afirmando a criação na eternidade, não conclui que a criatura enquanto tal seja eterna.

22 — Crescer em humildade

Laozi diz que ensina o que os homens ensinaram (42). Assim encontramos no texto provérbios e tradições populares.

Curvar-se é esvaziar-se para o que nos plenifica. Paralelamente, a humildade é a submissão à verdade, não é falso rebaixamento. A humildade integra nele [no curso] reintegrando, já que não faríamos integração separados de nossa origem.

23 — Oco e imanifesto

Comentando este trecho, Wieger diz: "o texto deste capítulo é bastante incorreto nas edições modernas."[67] Yu Pei Lin interpreta "falar diluído" como "não falar", já que substitui *Xi* 希, "pouco, diluído", por *Wu* 無, "não ter, não".

Muitas sentenças são repetidas no *Dao De Jing*. Alguns como Duyvendak,[68] quase sempre opinam que elas só deveriam estar num lugar. Este alega que a última sentença só deveria vir no capítulo 17.

Zi Ran 自然, "natural", "natureza", quer propriamente dizer: ser aquilo que se é.

Laozi indica que a violência não dura. O vendaval e o temporal são expressões violentas da natureza. São excessos. Não duram.

24 — Graça sofrida

Na ponta dos pés não se tem firmeza, escarranchado não se tem mobilidade. Na via média há firmeza na mobilidade e mobilidade.

---

67. Wieger, Op.cit., p 35.
68. Wijnand Duyvendak, *Le Livre de la Voie et de la Vertu*.

Na vanglória há uma presunção exagerada das próprias realizações; no enaltecimento há uma presunção exagerada do próprio valor.

Como *chang* 長, "longo", "prolongar-se", "perdurar", também pode ser lido *zhang*, "chefe"; alguns preferem traduzir no capítulo 22 e nesse assim: "não se enaltecendo, então (pode ser) chefe", ou ainda, "quem se enaltece (não pode ser) chefe".

25 — Imaginar o mistério

Laozi afirma que há algo perfeito, indiscernível por nós. É imenso, mensurador sem ser mensurável. Está só, absoluto, solto de tudo, transcendente a tudo. Tudo percorrendo, é imanente. Não sabendo seu nome eterno, dá-se-lhe, um sobrenome: curso. Necessitando evocá-lo, chama-se grande.

Essa grandeza transcendente, abismo intransponível, acaba nos separando de nós mesmos, de modo que essa ida além coincide com a volta à origem. O termo *Shi* 逝, que traduzimos por "ida", quer dizer: "ir", "partir", "viajar", "passamento", "morte", "morrer".

Em algumas edições em vez de *wang* 王 "rei", "mediador entre o céu e a terra" vem *ren* 人, "homem".

Nas quatros sentenças finais vem o termo *fa* 法, "castigo", "sistema", "controle", "constância", "regra", "imitar", "atingir" o *Dao* sob o céu. Foi também usado para traduzir o termo budista "dharma".

Needham procurou demonstrar que não havia na China o conceito de leis da natureza, apesar da noção de ordem natural: "Na civilização ocidental as ideias de lei natural [em sentido jurídico] e de leis da natureza [em sentido de ciências naturais] remontam a uma raiz comum".[69]

69. "Os pensadores taoístas falharam quiçá pela intensa desconfiança dos poderes da razão e lógica, em desenvolver qualquer coisa semelhante à ideia de leis da natureza. Não que o *Dao*, a ordem cósmica em todas as coisas, não operasse sistemática e regularmente, mas a tendência era considerá-lo inescrutável pelo intelecto". Needham, Op.cit., vol. 2, p 543.

O termo *fa* foi depois usado pelos legistas para indicar a lei instituída pelo homem. No entanto, o ponto não é não haver leis da natureza, o ponto é que essas leis não são formuláveis. Podemos notar que a tese de Needham é exagerada, já que ele diz: "*Tian fa* 天法 não se aplica fora da sociedade humana".[70]

Ora, neste trecho, há esse desmentido: *Tian Fa Dao*, que traduzimos por "o céu segue o curso". Se traduzíssemos por "a lei do céu é o curso", poderíamos, contra Needham, usar a palavra lei, mas teríamos que dizer, a favor de Needham, que "a lei do céu, não formulável por nós, é o curso".

Não há separação entre ordem natural e ordem humana. A ordem que o homem institui contra a ordem natural é desordem, para Laozi.

Mesmo no legismo, contrariamente a Needham, a lei instituída pelo homem deveria ser natural.

Assim nos diz Han Fei:

儒以文亂法
Os letrados confundem as leis com os escritos;[71] 好法,法條合於天理人情.
Na boa lei, o artigo da lei conforma-se com o sentimento humano da razão natural.[72]
古之全大體者望天也,
不逆天理,不傷情性,
不急法之外,
不緩法之內,
守成理因自然,
禍福生乎道法而不出乎愛惡.

Os antigos que completaram o corpo principal (do legismo) contemplaram o céu e a terra, não agiam contrariamente aos princípios do céu, não feriam os sentimentos e as razões da humanidade, não pressionavam fora da lei, não relaxavam dentro da lei, mas observavam os princípios conforme suas naturezas. Então os desastres e os sucessos

---

70. Needham, Op.cit., vol. 2, p 548.
71. Han Fei, *Obras*, vol. 4, p 57.
72. Wan Jing Zhi, *Han Fei Si Xiang Ti Xu Lun*, Taipei, Universidade Furen, 1971, p 21.

estavam baseados, não no amor e no ódio, mas no seguimento do Dao *(na lei do* Dao.[73]

Apenas ficaria a dúvida se o curso é apenas espontâneo, sem coação externa, ou também livre, sem coação externa e interna. Sua liberdade está no *Dao De Jing* intimamente ligado ao seu inescrutável nome eterno, o Nome que só Ele mesmo pode dar-se.

26 — A virtude do pesado

Nas versões anteriores, havia "regente" em lugar de "homem santo".

O pesado é o que tem base, o leve o que não tem estabilidade. O homem santo não descuida de sua carga diária nem se prende às aparências gloriosas. Carrega o peso do mundo sem deixar-se seduzir por sua leviandade.

Havendo governo representativo, que fazer se o regente em seu próprio benefício conduz o mundo com leviandade?

Quando o povo é sábio e perfeito, sabe conduzir-se por si mesmo e não tem mais necessidade de guia, conselho e comando. É necessário que fique claro que Laozi considerava que o bem dos povos era sua liberdade e seu autogoverno.

Quando Han Fei comenta este texto, subverte-o para uso político dizendo que o governante não deve perder sua autoridade (o peso da equipagem) em relação ao vassalos.

27 — Uso da destreza

Mesmo que o trecho seja dúbio em alguns pontos, no essencial, é claro. É próprio do homem santo sobressair-se ao salvar pessoas e coisas. No entanto, há alguns intérpretes que não procuram a clareza, projetando um sentido amoral em Laozi. Chang Chung Yuan, por exemplo, acrescenta ao texto "quer bom, quer mal":

---

73. Han Fei, *Obras*, vol. 2, p 72.

"A melhor ação está livre de marcas (quer boas, quer más)."[74]

Vale apontar que Laozi não usa a expressão "homens maus", mas "homens não-bons". Ao mesmo tempo não será bom quem não procurar resgatar os bons.

28 — Retorno ao lenho tosco

Blakney assim comenta a primeira sentença: "Você é masculino, mas se o curso deve operar através de você, você deve ser passivo como se feminino".[75] Esta interpretação é reforçada por esta de Guénon:

Na época primordial, o homem estava em si mesmo perfeitamente equilibrado quanto ao complementarismo do yin e do yang; por outro lado, ele era yin ou passivo em relação ao princípio apenas, e yang, ou ativo, em relação ao Cosmo ou ao conjunto das coisas manifestas.[76]

E ao relacionar a polaridade yin-yang com a polaridade masculino-feminina diz:

Em razão desta participação, todo ser é andrógino em certo sentido e em certa medida, e é ademais, tanto mais andrógino quanto mais transsexual (trans como algo "acima" ou "além" e não ao lado) seus elementos estiverem nele equilibrados.[77] *Esta completude é transsexual, anímica.*

Strauss diz a propósito:

Isto pressupõe que a alma seja andrógina e que tenha em si ambos os princípios associados (yin e yang) desenvolvidos e cuidados harmoniosamente.[78]

Laozi diz que devemos conhecer nosso princípio ativo, mas preservar o valor feminino fundamental da não-violência e da suavidade. Estar no curso.

---

74. Chang Chung-Yuan, p 79.
75. Raymond Blakney, p 403.
76. Réne Guénon, *La Grande Triade*, Gallimard, Paris, p 65.
77. Op.cit., p 41.
78. Strauss, Op.cit., p 265.

O lenho tosco representa o espaço original, dele surgem os instrumentos. O homem santo mantendo o lenho tosco, mantendo seu estado original, torna-se o regente dos funcionários, dos que usam os instrumentos, dos especialistas. Assim, no caso de sociedade complexa, ainda será a autoridade social, natural, o fundamento da organização política, embora não seja representativa.

29 — Não atuar

A não-atuação, a não-intervenção, lembremos que não é mera passividade. Havendo governo, o não-atuar deveria dar condições para a sociedade fazer.

Não se deve reificar as funções governativas da sociedade em indivíduos.

Alguns afirmam que "vaso espiritual" alude aos legendários vasos construídos por Yu, o Grande (2205–2197 a.C.).[79]

30 — Poupar as armas

Vimos que Laozi tende à organização social em que o governo é imanifesto. No entanto, havendo governo manifesto, também este deve regular-se pelo *Dao*. Com a guerra dá-se o mesmo. Laozi é contra as armas, contra a violência. Mas se inelutável, se a guerra for considerada a última *ratio*, também deve prevalecer o *Dao*. Vence-se sem apossar-se.

31 — Cessar as armas

Cabe apenas lembrar que, nos mapas da China, o Sul é colocado no alto, o Norte embaixo, o Leste a esquerda e o Oeste à direita. O lado, que se dá proeminência é o esquerdo.

32 — A virtude da santidade

O "lenho tosco sem nome" indica o estado original não trabalhado.

---

79. Duyvendak, Op.cit. p 69.

"Doce orvalho", representando a conjunção do céu e da terra, é sinal de copiosa graça.

Assim que se talha o estado original, é preciso ordenar, é preciso os nomes. Os nomes não podem perder sua referência e significado. A linguagem não deve ser excessiva, antes, precisa. A questão da retificação dos nomes foi muito difundida por muitas escolas do pensamento chinês antigo. No plano político, a retificação dos nomes implicava que os nomes correspondessem às funções designadas. "Saber parar", além de indicar saber parar diante dos nomes, indica que se deve apartar-se do *Dao*, da simplicidade original, fundamento da diversidade. O perigo está na multiplicação fora da origem, dos nomes sem sentido.

Finalizemos com a interpretação politizante de Han Fei:

用一之道以名為首,
名正物定,名倚物從,
故聖人執一以靜,
使名自命事自定.

O curso da unidade faz dos nomes seu guia. Os nomes retificando-se, as coisas estabelecem-se; os nomes desviando-se, as coisas deslocam-se. Portanto, o homem santo mantém a unidade para tranquilamente (sem agir) deixar que os nomes comandem por si, conduzindo os assuntos a estabelecerem-se por si.[80]

33 — Virtude do discernimento

Continuam os aforismos, comuns no *Dao De Jing*. Duyvendak indica que nos primeiros três pares de sentenças, o primeiro membro do par representa uma qualidade que Laozi considera inferior à segunda.[81] Não há dúvida. Vejamos a já citada sentença da imortalidade. *Si* 死, "morrer" e *Wang* 亡, "morrer" e "arruinar" são sinônimos. Já que Wang também vinha escrito *Wang* 忘, esquecer, alguns, como Matgioi tra-

---

80. Han Fei, *Obras*, vol. 1, p 30.
81. Duyvendak, Op.cit., p 79.

duziram: "quem morre e não é esquecido, ei-lo imortal".[82] O sentido estaria contra o valor que o *Dao De Jing* dá à fama social. Além disso, vimos no capítulo 13 que a imortalidade é reafirmada nos capítulos 16, 34 e 52. A religião taoísta posterior, mesmo com seu desvio mágico, insistiu prioritariamente na imortalidade. Assim diz Legge: "Sem dúvida, Laozi acreditava em outra vida para o indivíduo depois da presente."[83]

Há então imortalidade numa individualidade não separada. Que o indivíduo também persista é reforçado pelo capítulo 7: "pode pois realizar o que é seu". Ora, o ideograma que Laozi usa é *Si* 私, "privado, egoísta, particular, eu". Isto quer dizer que o homem santo por não se prender à própria individualidade pode realizá-la.

34 — Confiança na realização

O texto vinha com algumas alterações. "E não se faz senhor" não deve ser interpretado como "o curso é perfeitamente neutro, deixa as coisas desenvolverem-se sem dirigi-las a um fim". O fim é, pois, ele mesmo: "Isto se diz retornar ao destino" (16).

Aqui temos o mistério da liberdade: tudo deve a ele retornar livremente, já que só nele a liberdade pode realizar-se.

35 — A virtude do amor humano

A grande imagem é o *Dao* em sua transparência: no *Dao* ser é conhecer, não há dualidade.

O texto contrasta os atrativos passageiros do mundo, apelando aos sentidos e ao *Dao*. Enquanto esta música de deleite seduz pelos sabores, "o grande tom (a grande música) é de som diluído" (41).

---

82. Matgioi, p 88.
83. *The Texts of Taoism*, Transl. by James Legge. Part I of II. vol. 1, p 76.

36 — Iluminação sutil

Os primeiros quatro pares de sentenças indicam enantiodromia ou desequilíbrio para um extremo que tende a compensar a anormalidade.

"A suavidade vence a violência." No mundo de Laozi, a força é destrutiva; o que é eficiente é feito com suavidade, sem força. A violência só destrói. Na suavidade vai-se com o curso.

No último parágrafo, a expressão *Li Qi* 利器 tanto pode significar "instrumentos cortantes" quanto "instrumentos úteis".[84] Esta sentença foi interpretada conforme a estratégia militar: não demonstrar o poderio militar. Mas é muito mais consentâneo com o *Dao De Jing*, conforme os capítulos 3 e 80, considerar que Laozi não propõe o desenvolvimento tecnicista: "O peixe não deve sair das profundezas".

37 — Exercício da regência

Já vimos a dificuldade de entender a primeira sentença sem o médio. Poderíamos dizer: o curso não atuando (motor imóvel) nada fica sem atuar e ser atuado. As coisas por si só se transformam, é o desenvolvimento orgânico.

De novo temos os uso do pronome pessoal "eu" num sentido genérico: "é dito na primeira pessoa para dar mais vivacidade ao estilo".[85]

Assim comenta Castellani este capítulo:

Laozi considera o fazer como a fonte de todos os desastres políticos. O desejo é o que mais prejudica ao homem sob o desígnio aparente de favorecê-lo; o fazer é aquilo que sob o desígnio de aumentar, destrói também o já existente.[86]

38 — Discutindo a virtude

A virtude é a "atividade não atuante" do curso. A virtude superior tem virtude (eficácia); a inferior, não. O amor hu-

84. Duyvendak, Op.cit., p 85.
85. James Legge, Op.cit., p 79.
86. Castellani, Op.cit., p 60.

mano superior atua por amor, não por obrigação. A justiça superior atua por obrigação moral. O rito superior, a justiça institucionalizada, só atua pela força. Este é o processo involutivo apresentado por Laozi.

"Flor" indica o externo, o superficial.

39 — O fundamento da lei

No capítulo anterior passa-se da unidade com o *Dao* à separação, o que leva à decadência; neste salienta-se a unidade com o *Dao*, o que leva à subsistência. Pelo capítulo 42 temos que o um é o *Dao* em sua afirmação, o *Dao* dando unidade a tudo e a cada coisa.

Assim explica Matgioi a passagem ao plano político: "Mesmo que o regente cumprisse bem seu ofício, não deveria ser conservado quando já não serve mais. Os regentes só são necessários quando há seres a organizar em sociedade".[87] "órfãos, viúvos, indigentes" são termos auto-depreciativos.

A sentença final apresenta alguma ambiguidade. Mas o sentido mais consequente com o livro é o que ressalta a rusticidade da pedra e não o polimento e brilho do jade.

40 — Uso do afastamento

O retorno à origem pelo vento suave da liberdade.

Apenas indicamos aqui que a origem do que é manifesto no imanifesto manifesta na nossa existência transcendência.

41 — Identidade e diferença

Shi significa "indivíduo", "homem", "varão", "letrado", "mandarim", "soldado", "guerreiro", "samurai" (jap.). Interessante que o herói guerreiro passou a herói das letras, mandarim, na China.

Nos provérbios apresentados, está claro que os valores não

---

87. Matgioi, p 103.

valem pela aparência. "A grande imagem não tem figura" enfoca mais uma vez que não se deve considerar a imagem algo destacado, com sua própria configuração.

O curso oculta-se (para nós, não para si) no sem-nome já que o nome que pode ser nomeado não é o nome eterno.

42 — As transformações do *Dao*

Este é um dos capítulos mais importantes do livro.

Alguns, como Duyvendak, querem retirar do texto a primeira sentença, já que refuta sua exegese.

Finazzo afirma nas primeiras quatro sentenças: "em todos os escritos taoístas não há meio de assegurar o verdadeiro significado do "um", do "dois" ou do "três".[88] O "um" é o *Dao* em sua afirmação. O *Dao* ontologicamente anterior ao um, é absolutamente transcendente. Mas a partir do sentido etimológico do verbo *Sheng* 生, "gerar", "nascer", "dar a vida a", dá-lhe um sentido panteísta: "a Vida é produto de um ato de emanação, não de criação."[89] O sentido panteísta não é determinado.

No Ocidente, excluindo-se o ceticismo, o ateísmo e o dualismo, temos o criacionismo; Deus criando tudo sem nada (nem de outro nem de sua substância) e o panteísmo. Este pode ser subdivido em:

1. Panteísmo por geração: o princípio criando o mundo de sua própria substância, como um pai gera os filhos de seu próprio sangue.

2. Panteísmo por emanação: os seres emanando do princípio como a luz do sol.

3. Panteísmo por limitação: o princípio se modificando e transformando de vários modos sua própria substância, apesar de permanecer essencialmente o mesmo.

---

88. Finazzo, *The notion of Tao in Lao Tzu and Chuang Tzu*, p 48.
89. Finazzo, Op.cit., p 49.

4. Panteísmo animista: o princípio animando o mundo como a alma anima o corpo.

O uso da palavra "gerar" não implica um panteísmo por geração, da mesma forma que o simples uso da palavra "criar" não implica criacionismo. A palavra "criar" vem da raiz indo-europeia *ker-, *kore-, que quer dizer "crescer", de onde vem também "crescere", "crescer", "cerealis", "cereal", pertencente à Ceres, a deusa dos cereais etc."[90] Assim não é a palavra que determina a concepção, ela nos fornece uma analogia com a nossa experiência. A palavra "criar" foi desbastada para expressar o criacionismo, mas a palavra "gerar" (*sheng*) permanece *in naturalibus*, por isso o melhor é considerar que Laozi não se determinou na questão. As determinações panteísticas são posteriores.

"O *Dao* gera o um" é uma sentença impressionante.

Não podemos deixar de traduzir o trecho em que Hegel critica Laozi, e que se refere a este capítulo:

Na seita do Dao, o princípio tem que passar para o pensamento, o elemento puro. É notável, a esse respeito, que no Dao, a totalidade, surja a determinação da tríade. O um dá origem ao dois, o dois ao três, o três ao Universo. Assim que o homem procede como pensante, resulta a determinação da tríade. O um carece de determinação, é a abstração vazia. Para ter o princípio da vitalidade e da espiritualidade, necessita progredir para a determinação. A unidade só é efetiva na medida em que contiver dois em si, e assim está dada a Tríade. Com esse avanço para o pensamento, não se fundou, no entanto, nenhuma religião espiritual superior as determinações do Dao permanecem abstrações totais; e a vitalidade, a consciência, o espiritual decaem, por assim dizer, não só no próprio Dao, mas também no próprio homem imediato. Para nós, Deus é o Universal, mas em Si determinado; Deus é espírito, sua existência é a Espiritualidade. Aqui [em Laozi], a realidade, vitalidade do

---

90. Klein, p 175.

Dao, *é ainda a consciência efetiva, imediata, de modo que ele é, na verdade, algo morto como Laozi, mas adquirindo outras formas, subsiste vivo e efetivo em seus sacerdotes.*[91]

O que Hegel critica fundamentalmente é a indeterminação de Deus. Não podemos dar-lhe nossas determinações. Ele se autodetermina (25); Ele que eternamente se dá um nome (2). Curioso que esta passagem ao pensamento de que fala Hegel, dá-se em Zhuangzi:

天地與我並生,
而萬物與我為一,
既已謂之一矣,
且得無言乎?
一與言為二,
二與一為三.

Céu, terra e eu juntos nascemos; as dez-mil-coisas e eu somos um. Sendo um como se chega à fala? Já disse sermos um, como então não se chega à fala? O um e a fala são dois, o dois e o um [original] são três".[92]

Mas um ponto importantíssimo é dado pela expressão *Chong Qi*, "éter vazio". Ora, a tese do éter impede a identificação do vazio com o não-ser. É vazio para nós. Isto é bem confirmado no *Dao De Jing*, "a grande plenitude parece vazia" 45. O que experimentamos como vazio é pleno. O atomismo que tudo explica pelos átomos, pelo movimento mecânico e pelo vazio não admite éter. *Qi*, "éter", "ar", "atmosfera", indica algo intangível, mas não é espírito. Não se trata aqui de considerarmos a possibilidade de uma substância material, não teorizável para a experimentação. O que se deve ver é que com o "éter vazio", Laozi mantém a tensão entre o manifesto e imanifesto no próprio cosmo. O éter imperceptível preenche o vazio perceptível. Retirando-se esse éter, esvazia-se o *Dao De Jing*.

---

91. Friedrich Hegel, textitVorlesungen über die Philosophie der Religion I, Suhrkamp Verlag, 1965, pp 328–329.
92. Zhuangzi, Op.cit., cap. 2, pp 63–64.

A parte final também é muito importante. Laozi faz da não-violência o pai da doutrina.

43 — Uso universal

Aqui há a descrição do éter que em tudo se insere e tudo permeia pela suavidade e sem manifestação.

O verbo usado para "desembestar" indica movimento de cavalos galopando em todas direções.

45 — Virtude transbordante

Este capítulo mostra bem a relação que se estabelece na consciência entre o manifesto e o imanifesto, entre aparência e ser.

A sentença: "a grande plenitude parece vazia" é uma das estacas da interpretação deste livro.

46 — Moderar os desejos

Os comentaristas chineses insistem em que *sheng* 生, "nascer", "gerar", "parir" indica a premente necessidade de usar até os potros.

Laozi mostra que viver conforme ao *Dao* é moderar-se.

47 — Averiguar o distante

Este texto é mais uma refutação do pretenso empirismo de Laozi. No entanto, não é que se conheça tudo a partir da própria consciência, já que não há separação entre consciência e mundo. Este ponto é bem explicado por: "O Homem Santo sendo entranhas, não olhos, afasta o ali e agarra o aqui" (12); "Como eu sei a forma de tudo surgir? Pelo aqui" (21).

48 — Esquecer o saber

Crescer pelo estudo é um crescer do múltiplo e do não--realizado. Decrescer é despojar-se, é deixar que o curso seja o que ele é: plenitude. Por isso, quando se atinge o não-atuar por si, tudo está atuado no curso.

49 — Confiança na virtude

O homem santo sempre é bom, tanto para quem é bom como para quem não é bom. Não cabe forçar, como Duyvendak: "o sábio dá o mesmo valor ao bem e ao mal",[93] pois Laozi diz que "virtude é bondade" ou (em outras traduções possíveis) "é a virtude da bondade" ou "obtém-se a bondade". Senão Laozi teria dito claramente: "a virtude é dar o mesmo valor ao bem e ao mal".

"Cem famílias" indica o povo.

"O homem santo não tem coração constante", significa que ele se acomoda ao bem dos outros, e não a um bem seu particular.

"O homem santo a todos acriança", significa que ele faz todos retornarem à sua natureza original.

50 — Dignificar a vida

A expressão *shi you san* 十有三, "dez haver três", é interpretada como "um terço", mas alguns a interpretam "treze", inclusive Hanfei. Mas é muito mais claro indicar que de dez um seja seguidor do *Dao*, "o bom cultor da vida". Interpretar a expressão como "treze" cai-se na yoga taoísta posterior.

Os adeptos da vida, provavelmente já que o texto é vago a este respeito, são os hedonistas, os que reduzem a vida ao gozo máximo dos prazeres sensíveis; os adeptos da morte, os niilistas que reduzem a vida ao prazer da morte; os últimos três são os que aspiram a uma vida plena, forjada a partir de si mesmos; o bom cultor da vida é o que vive no *Dao* e a partir do *Dao*.

Nas imagens finais, já que ele não topa com rinocerontes ou tigres, estes não têm como atacá-lo, ressalta-se que o bom cultor da vida, mesmo nesta vida finita, vive ao sabor da imortalidade.

---

93. Duyvendak, Op.cit., p 117.

51 — Virtude sustentante

Este capítulo apresenta: "O operar do *Dao* na natureza, na produção e nutrição das coisas através das estações do ano".

As imagens deste capítulo estão impregnadas de vida vegetal.

52 — Retorno à origem

Retorna a questão da imortalidade em 33. Strauss interpreta a relação mãe-filho como a relação entre o *Dao* e sua criação: "é um pensamento que mediante o capítulo 51 esclarecerá a principal afirmação do capítulo 50, enquanto mostra porque aquele que sabe agarrar a vida verdadeira não é objeto da morte."[94] Algumas expressões são interpretadas no sentido da yoga taoísta. Assim, Wieger:

Se ele conservar a boca fechada e suas narinas tapadas [para impedir a evaporação do princípio vital], chegará ao fim de seus dias sem ter experimentado a decadência.[95]

53 — Prova da ganância

O primeiro parágrafo pode ser interpretado de várias formas já que a expressão *jieran* 介然 tem muitos significados e é de significado incerto no texto: "especialmente", "especial", "subitamente", "firmemente", "minimamente", "pouco", "grande", "exclusivo", "austero". O ideograma *shi* 施, "ostentar", "executar", "efetuar o que foi planejado", é mal substituído por alguns por *yi* 迤, "desvio", "caminho falso". Mas o sentido conseguido com esses arranjos é bastante trivial:

"Tivesse eu o menor grão de sabedoria, andaria pela grande via e meu único temor seria desviar-me dela."[96] A tradução que considerei melhor foi a de Wang Huai para o chinês moderno, que adotei com alguns reparos:

---

94. Strauss, Op.cit., p 332.
95. Wieger, Op.cit., p 49.
96. John Wu, p 75.

使我獨異於世俗之知，服從大道，我所畏者，唯恐有為，多所設施，而不能清靜自然耳．

Tivesse eu um saber mundano particular, ao seguir o grande Dao, só temeria que houvesse muita planificação e execução não se podendo ficar tranquilamente natural.[97]

Ora, não há porque valorizar este saber especial, técnico, de especialista, já que ele é sempre criticado no livro: "Quanto maior a inventiva [técnica] dos homens, tanto mais coisas anormais" (57).

Então o sentido é que um saber especializado, sem fundamento para Laozi, diante da verdade do grande curso, terá que ser ostentado, mostrado, o que é destruidor. Da mesma forma, a força bruta tende a se empregar, e este saber tende a ostentar-se. Isto nos lembra a crítica de Heidegger à técnica como se fosse ciência aplicada:

"Com isso surge a aparência ilusória de que a técnica moderna é ciência aplicada da natureza."[98]

E isso Heidegger como Laozi, correspondentemente em sua época, criticam acerbamente.

O pronome "eu" é usado novamente em sentido genérico. O resto é uma crítica à ostentação da corte: a ostentação é o alarde da rapina. Mas o interessante está que a crítica remonta a todos, ao povo, e no fundo ao saber individualizante.

54 — Cultivar a contemplação

Os objetos das primeiras duas sentenças são a virtude e o curso: "implantar a virtude, abraçar o curso". "Cultive-o" refere-se ao *Dao*. Assim alguns traduzem a última sentença: "Por isso (dentro de mim mesmo)";[99] "pelo que está dentro de mim".[100]

---

97. Wang Huai, Op.cit., p 211.
98. Martin Heidegger, *Die Technik und die Kehre*, Neske Verlag, 1967, p 23.
99. Lin Yutang, *The Wisdom of Laotse*, Random House, London, 1948. p 611.
100. John Wu, *Tao Teh Ching*, St. John's University Press, 1961; Shambhala, 1989. p 51.

Mas melhor que interpretá-la pelo que está em mim, é interpretá-la pelo que é imediato: o *Dao*.

55 — Signo místico

Em vez do membro viril, alguns textos tinham um ideograma substituto que quer dizer "completo". "Apressar o crescimento da vida é nefasto; controlar a respiração pela vontade é extenuá-la."[101] Como este texto é contrário às práticas de nutrir a vitalidade do taoísmo posterior, toda ginástica possível foi feita para enquadrá-lo nesse contexto. O esforço consome e leva à destruição, é um pensamento constante de Laozi.

56 — Virtude mística

"Não se pode obter" refere-se quer a identidade mística quer ao curso. Alguns referem tudo ao homem santo: "Então ele é inacessível ao amor e também inacessível à inimizade", mas não está explícito no texto. O texto, porém, é bastante aberto a outras interpretações.

57 — Costumes puros

Laozi não apoia a invenção. Essa ideia é reforçada no capítulo 74: "Aquele que inventa... caso eu o capturasse para matá-lo"

Laozi menciona um homem santo do passado. Mais uma vez o sentido de tradição.

58 — Adaptar-se às mudanças

A posição política de Laozi é clara: governo velado é governo não representativo, é autoridade natural, que realiza a ordem social. O problema é que a organização social deve manter-se nos limites do "pequeno reino, para pouca gente" (80).

Interessante a noção de "desvio dos homens".

---

101. John Wu, Op.cit., p 79.

59 — Manter o curso

Suzuki traduz assim a primeira sentença: "Governar o povo é tarefa do céu e nada há como a frugalidade."[102] É pena que essa tradução force a ordem dos ideogramas. Quanto à mãe do reino, entende-se o *Dao* como mãe. "Havendo a mãe do reino" diz-se o reino do curso. A virtude deve ser reiterada, isto é, afirmada com consciência.

60 — Ocupar o trono

Assim comenta Lin Yutang a primeira sentença: "O peixe frito deve ser deixado só ou tornar-se-á pasta pelo constante revirar."[103] Não intervenção. Quanto aos termos relativos à alma, ver capítulo 10. Também na China registra-se uma luta dramática contra a superstição: "Quanto mais tabus e superstições / tanto mais pobre o povo" (57). Para ilustrar esta luta, eis que Cheng Yi Chuan 程伊川 do século II d.C., ao ser-lhe perguntado porque havia tantas crendices e medos a seu tempo disse:

今日雜信鬼怪異說者只是不先燭理

Hoje em dia acredita-se loucamente em maus espíritos, fantasmas e histórias fantásticas; isto só por não se iluminar previamente a razão.[104]

Wieger interpreta que os fantasmas não seriam as almas dos mortos, mas a personificação das desordens.[105] Na obra de Groot, sobre o sistema religioso da China, o título é sugestivo "A guerra contra os espectros". Vamos, de novo, basear-nos nesta obra. "Os espectros (*gui*) não passam por espíritos *shen*"; vejamos a relação entre *gui* 鬼 e *shen* 神:

---

102. Carus & Suzuki, Op.cit., p 115.
103. Lin Yutang, Op.cit., p 614.
104. *Apud* Hoenisch, *Lehrgang der klassischen chinesischen Schriftsprache*, Leipzig, 1966, vol. 1, p 71.
105. Wieger, Op.cit., p 53.

Um *shen* é considerado um bom espírito, um deus; um *gui* é um espírito do mal, um espectro, um demônio... Estabelecemos que a principal função da religião taoísta consiste em amordaçar o *gui* estimulando operações do *shen*.[106] Estas considerações, válidas para a religião taoísta como um todo, são oportunas para o texto de Laozi.

Os espíritos, o homem santo e as pessoas não se atormentar reciprocamente é mais uma instância da não intervenção, do dar condições para que o outro seja, do dar a liberdade para que outros a conquistem. É a condição natural: "o mundo governado pelo curso".

Interessante seria perceber em Laozi a mesma crítica que Hegel, na *Filosofia da história*, faz à cultura chinesa: a falta da liberdade interior, a falta do espírito que é, como ressalta Hegel, essencialmente livre.

A fenomenologia do espírito é a manifestação de sua liberdade interna; a "espectrologia psíquica" é apenas o abortamento do espírito: "no mundo governado pelo curso, os espectros não passam por espíritos".

61 — A virtude da humildade

O texto é relativamente claro. O rio fluindo baixo, recolhe as águas que nele afluem. Esta imagem mostra que o país que recolhe e presta serviços a outros fica abaixo, não por ser fraco, mas por ser confluência.

Para Laozi quem é forte cede e ajuda os outros.

62 — Atuar o curso

O ponto central deste capítulo está em institucionalizar o filho do céu. Ora, para todos que colocaram Laozi institucionalizando o poder (o que não ocorre), o sentido atribuído ao capítulo seria que os súditos servissem ao filho do céu não pelo cerimonial, mas pelo *Dao*. Ora, o filho do céu e os três

---

106. Groot, *The Religion System of China*, vol. 6, pp 930–931.

duques são impostos como mal menor, pela existência dos homens não-bons, os não capazes de se governarem. Com isso, aclara-se uma questão pendente. Já existindo a sociedade complexa, há que institucionalizar o poder, pois os homens já não podem governar-se como numa comunidade. O ideal de Laozi é da vida em pequenas comunidades e não uma sociedade complexa. Mas, como mal menor, seria preferível que os governantes se assentassem no curso, isto é, fizessem com que a própria ordem não institucionalizada governasse. Além desse sentido político, há um sentido místico óbvio: retiro de tudo, refúgio dos não-bons, buscar e obter, perdão das culpas.

63 — Pensar a origem

"Atue o não-atuar" (*weiwuwei*) também poderia ser traduzido por "atue sem atuar" ou "atue e não atue". No capítulo 2, a ausência de uma forma sintética do médio (nem ativo nem passivo), força um modo de expressão paradoxal, uma contradição aparente.

Numa tentativa analítica, poderíamos forçar dizendo: seja passivamente ativo e, simultaneamente, ativamente passivo.

64 — Guardar o diminuto

Continuam presentes as sentenças ditadas pela tradição. "Recorre por onde os homens transpassaram".

65 — A virtude pura

Este estado de singeleza em que o povo deve ser mantido, não deve ser entendido negativamente. Não é manter o povo ignorante para melhor manipulá-lo, é mantê-lo no estado de simplicidade em que a ordem impera por si. Mais uma vez a "virtude mística" é marcada pelo retorno.

66 — Colocar-se a si mesmo atrás

Aqui se ressalta que quem se coloca abaixo, permite que o curso o coloque acima.

67 — As três joias

Em algumas versões não aparece o ideograma do *Dao*, de modo que o sentido seria: "Todos afirmam que por eu ser grande pareço um filho desnaturado". Mas o sentido não seria muito diferente se considerarmos que "eu" refere-se ao homem perfeitamente integrado no curso e não ao indivíduo Laozi.

O povo considera o céu como o supremo, como o *Dao*. O céu é sempre misericordioso e quer salvar a todos.

As três joias são claras.

68 — Bodas com o céu

"Bodas com o céu" indica o êxtase de uma fusão profunda, comparável ao êxtase da união sexual. Aliás, é comum no misticismo o uso de metáforas do ato sexual. Isto só é possível quando o sexo não for nem desprezado nem idolatrado.

69 — Uso místico

O sentido que se dá a não querer agir como senhor e sim como hóspede é que o primeiro tem a iniciativa, não o segundo. Estaria fundamentando-se assim a guerra defensiva. Mas mais do que defender-se seria restaurar a ordem. Laozi não diz para desprezarmos o inimigo no sentido de considerá-lo mais fraco do que é, mas sim no de considerar o inimigo como pessoa, e como tal, respeitá-lo. "A arma compassiva vence" reforça este sentido.

As sentenças intermediárias expressam modos paradoxais de suprimir a violência sem violência.

70 — Conhecer as dificuldades

Este trecho é costumeiramente interpretado em relação à pessoa de Laozi. Yu Pei Lin diz que *wo* 我, *"eu"*, refere-se a Laozi.[107] Nesse caso, temos que substituir na tradução "o próprio eu" por "a mim", Laozi.

---

107. Yu Pei Lin, p 107.

Por isso muitos dizem que Laozi refere-se à sua doutrina. Mas ele diz que a doutrina não é dele (42). Também insistimos que no *Dao De Jing* "eu" refere-se a qualquer eu. No texto, são usados dois pronomes para eu, *wu* 吾 e *wo* 我. São sinônimos, mas *wo* era inicialmente usado como pronome objeto.

Matgioi assim traduz a parte em questão: "Somos poucos os que temos consciência de nós".[108] Deste modo, se Laozi centralizasse sua figura, estaria contra o próprio texto. "Minhas palavras" são as que ele transmite, não dele, já que ele diz que ensina o que os homens ensinam (42) e que ele atribui à tradição.

Ao mesmo tempo, essas palavras são fáceis de conhecer e seguir por quem tem o *Dao*, impossíveis por quem, sob o céu, centra-se em si. A última sentença confirma: "O homem santo sob o traje aldeão abriga jade [o *Dao*]".

No Ocidente, a sabedoria polariza-se em humana e divina a tal ponto que uma parecerá loucura à outra. Esta sabedoria humana não vai basear-se no consenso universal dos homens do que vem do alto (a tradição), mas na evidência individual como o último critério da verdade. É a verdade de cada um como indivíduo isolado.

A tradição supõe a evidência individual, mas não a constitui no critério último da verdade. Isto quer dizer que o que é evidente ao indivíduo pode ser falso. Por isso, essa evidência individual necessita do consenso universal: o que desde a origem e sempre é revelado a todos os homens. É a verdade de todos.

As diferenças que partilham a verdade revelada são criações individuais.

Laozi coloca-se claramente na tradição. Portanto, não se pode interpretar o texto centralizando-o no indivíduo Laozi.

---

108. Matgioi, pp 143–144.

71 — Alienação do conhecimento

Em se tratando do conhecimento, é preferível traduzir *bing* 病, "doença", por "alienação".

Há uma tendência em Laozi a considerar a iluminação um estado que transcende o saber e não uma forma superior de saber: "Estar iluminado nas quatro direções é possível sem ter saber".

72 — Amor a si mesmo

Neste capítulo, interpreta-se de muitas maneiras, conforme as tendências a valorizar a autoridade humana ou não. Mas é sempre preferível o sentido místico, como na tradução de John Wu:

"Quando o povo não mais teme teu poder, é um sinal que um poder maior está chegando."[109]

Isto é, quando não nos fundamentamos na autoridade humana, advém a autoridade do *Dao*, autor de tudo.

73 — Deixar-se atuar

Este trecho é interpretado de várias maneiras, já que isoladamente seria difícil qualificar as duas espécies de coragem. Entende-se genericamente por coragem a capacidade de enfrentar as dificuldades interpostas para a consecução de bens vistos como superiores. Nesse caso, não podemos interpretar a coragem de não atuar de Laozi como covardia. Ora, Laozi reprova a ousadia de atuar fins que nos destacam da origem. O que ele aprova é a coragem (suportar todas as dificuldades) de não atuar contrário ao *Dao*. É a coragem de deixar-se atuar pelo céu.

Depois vem exposto o curso do céu e sua justiça. Esta dá toda liberdade (é de malhas largas), sempre tarda em relação a nossas expectativas, mas não falha.

---

109. John Wu, Op.cit., p 103.

74 — Dominar as ilusões

Neste capítulo, trata-se da pena de morte. A maioria dos autores interpreta-o no sentido da morte ser reservada à natureza agindo pelo curso. No entanto, outros interpretam como deixar a justiça apenas ao governo e não executar ninguém pelas próprias mãos. Ora, o próprio Han Fei não considera a pena de morte a solução. Seu ponto é que o transgressor não mede o peso da pena, mas a possibilidade ou não de ser capturado e executado. Para coibir apropriações de ouro no estado de Jing foi instituída a pena de morte por lapidação. O roubo de ouro não parou. E Han Fei diz o por quê:

猶不止者, 不必得也.

"Que ainda não tivessem parado deve-se ao fato de não serem necessariamente capturados".[110]

Se um legista como Han Fei não considera a pena de morte a solução, quanto mais Laozi que propunha a não-violência.

O inovador, aquele que no fundo inventa o que contraria a natureza, é assim explicado por Duyvendak:

É aquele que faz coisas engenhosas. Esta noção compreende todos os instrumentos que criam uma sociedade complicada e que impedem o povo de viver na simplicidade do lenho tosco.[111]

75 — O prejuízo da cobiça

Em primeira instância, o povo governa-se com dificuldade quando há superiores. Em segunda instância, admitindo superiores, estes não devem atuar. O desdém pela morte resulta do denso viver. O instinto de vida acaba em instinto de morte: o prazer do repouso de uma vida que não dá prazer. Não atua para viver quem entrega a vida ao *Dao*.

---

110. Han Fei, Op.cit., 2, p 83.
111. Duyvendak, Op.cit., p 169.

76 — Precaver-se contra a força

A eficiência da suavidade, a destrutividade da força, é um dos pilares do *Dao De Jing*. A suavidade, a flexibilidade, a maleabilidade, a não-resistência, a humildade, tudo isso é vida; a violência, a rigidez, a resistência, a prepotência, tudo isto é morte.

77 — O curso do céu

A analogia com o arco tanto pode ser interpretada no ato de retesar a corda quanto no ato de lançar a flecha.

Podemos ver como o curso do homem (22) é oposto ao curso do céu. Mais uma razão para interpretar a sentença: "O céu e a terra não amam humanamente", no capítulo 5, no sentido superior ao amor humano.

Os desequilíbrios humanos são reequilibrados pelo céu.

78 — O acreditável

Vimos no capítulo 4 que o império reabsorve os mitos arcaicos na figura do imperador. A renovação do ciclo agrário, em que as impurezas, o que torna morto e infecundo, são eliminadas, é atribuída aos deuses. Claro que o imperador seria o representante, mas não é isso, como vimos, que Laozi advoga.

A unidade do gênero humano não é vista, por Laozi, no agrupamento horizontal dos homens, é uma unidade mística, transcendental. Da mesma maneira que no ciclo agrário, o que renova a humanidade é a eliminação de seus infortúnios. Esta é a função do mediador: "O mediador também é grande" (25). Ora, também essa função seria assumida pelo imperador. Assim comentam Suzuki e Carus: "Na China, o imperador assume para si a culpa de toda a nação."[112] Mas a quem Laozi atribui a função de rei ou mediador do mundo?

---

112. Carus & Suzuki, Op.cit., p 185.

79 — Fidelidade no contrato

Os contratos eram feitos por linhas marcadas em folhas de bambu que eram partidas em duas partes. O devedor recebia a parte esquerda. As reconciliações promovidas legalmente não suprimem a discórdia. Essa justiça não é considerada boa.

O homem santo não procede como nos contratos do governo com a sociedade que exige a coleta e cumpre a sua parte. É a diferença entre o curso do céu e o curso do homem (77). A sentença final confirma-o.

80 — Isolacionismo

Aqui temos claramente expresso o ideal comunitário de Laozi.

O que surpreende é que esta comunidade ideal teria posto de lado os instrumentos da técnica. É como se Laozi dissesse: "Mesmo dominando a técnica, esta seria posta de lado".

Isto é confirmado pela volta ao uso dos nós em lugar da escrita. *Quipos* é a palavra peruana que se refere ao mesmo costume. Então o que se propõe é a volta à pré-história quando não havia escrita.

81 — Manifestar o essencial

O livro termina com ditos.

Bo 博 quer dizer "vasto", "amplo", "extenso", "erudito". Quando se admite o saber, não se estende. Poderíamos citar o que diz Mefistófeles a Fausto: "Não sou omnisciente, mas sou consciente de muito"[113] e ampliá-la para "Sei tudo, mas não sou omnisciente". É só o saber da multiplicidade sem unidade, o saber da má infinitude, o saber da dispersão.

O curso do homem desgarrado é violento, o curso do homem santo é o próprio curso do céu.

O *Dao De Jing* termina na não-violência.

---

113. *"Allwissend bin ich nicht; doch viel ist mir bewusst".*

COLEÇÃO HEDRA

1. *Iracema*, Alencar
2. *Don Juan*, Molière
3. *Contos indianos*, Mallarmé
4. *Auto da barca do Inferno*, Gil Vicente
5. *Poemas completos de Alberto Caeiro*, Pessoa
6. *Triunfos*, Petrarca
7. *A cidade e as serras*, Eça
8. *O retrato de Dorian Gray*, Wilde
9. *A história trágica do Doutor Fausto*, Marlowe
10. *Os sofrimentos do jovem Werther*, Goethe
11. *Dos novos sistemas na arte*, Maliévitch
12. *Mensagem*, Pessoa
13. *Metamorfoses*, Ovídio
14. *Micromegas e outros contos*, Voltaire
15. *O sobrinho de Rameau*, Diderot
16. *Carta sobre a tolerância*, Locke
17. *Discursos ímpios*, Sade
18. *O príncipe*, Maquiavel
19. *Dao De Jing*, Laozi
20. *O fim do ciúme e outros contos*, Proust
21. *Pequenos poemas em prosa*, Baudelaire
22. *Fé e saber*, Hegel
23. *Joana d'Arc*, Michelet
24. *Livro dos mandamentos: 248 preceitos positivos*, Maimônides
25. *O indivíduo, a sociedade e o Estado, e outros ensaios*, Emma Goldman
26. *Eu acuso!*, Zola | *O processo do capitão Dreyfus*, Rui Barbosa
27. *Apologia de Galileu*, Campanella
28. *Sobre verdade e mentira*, Nietzsche
29. *O princípio anarquista e outros ensaios*, Kropotkin
30. *Os sovietes traídos pelos bolcheviques*, Rocker
31. *Poemas*, Byron
32. *Sonetos*, Shakespeare
33. *A vida é sonho*, Calderón
34. *Escritos revolucionários*, Malatesta
35. *Sagas*, Strindberg
36. *O mundo ou tratado da luz*, Descartes
37. *O Ateneu*, Raul Pompeia
38. *Fábula de Polifemo e Galateia e outros poemas*, Góngora
39. *A vênus das peles*, Sacher-Masoch
40. *Escritos sobre arte*, Baudelaire
41. *Cântico dos cânticos*, [Salomão]
42. *Americanismo e fordismo*, Gramsci
43. *O princípio do Estado e outros ensaios*, Bakunin
44. *O gato preto e outros contos*, Poe
45. *História da província Santa Cruz*, Gandavo
46. *Balada dos enforcados e outros poemas*, Villon
47. *Sátiras, fábulas, aforismos e profecias*, Da Vinci
48. *O cego e outros contos*, D.H. Lawrence
49. *Rashômon e outros contos*, Akutagawa
50. *História da anarquia (vol. 1)*, Max Nettlau
51. *Imitação de Cristo*, Tomás de Kempis
52. *O casamento do Céu e do Inferno*, Blake
53. *Cartas a favor da escravidão*, Alencar
54. *Utopia Brasil*, Darcy Ribeiro

55. *Flossie, a Vênus de quinze anos*, [Swinburne]
56. *Teleny, ou o reverso da medalha*, [Wilde et al.]
57. *A filosofia na era trágica dos gregos*, Nietzsche
58. *No coração das trevas*, Conrad
59. *Viagem sentimental*, Sterne
60. *Arcana Cœlestia e Apocalipsis revelata*, Swedenborg
61. *Saga dos Volsungos*, Anônimo do séc. XIII
62. *Um anarquista e outros contos*, Conrad
63. *A monadologia e outros textos*, Leibniz
64. *Cultura estética e liberdade*, Schiller
65. *A pele do lobo e outras peças*, Artur Azevedo
66. *Poesia basca: das origens à Guerra Civil*
67. *Poesia catalã: das origens à Guerra Civil*
68. *Poesia espanhola: das origens à Guerra Civil*
69. *Poesia galega: das origens à Guerra Civil*
70. *O chamado de Cthulhu e outros contos*, H.P. Lovecraft
71. *O pequeno Zacarias, chamado Cinábrio*, E.T.A. Hoffmann
72. *Tratados da terra e gente do Brasil*, Fernão Cardim
73. *Entre camponeses*, Malatesta
74. *O Rabi de Bacherach*, Heine
75. *Bom Crioulo*, Adolfo Caminha
76. *Um gato indiscreto e outros contos*, Saki
77. *Viagem em volta do meu quarto*, Xavier de Maistre
78. *Hawthorne e seus musgos*, Melville
79. *A metamorfose*, Kafka
80. *Ode ao Vento Oeste e outros poemas*, Shelley
81. *Oração aos moços*, Rui Barbosa
82. *Feitiço de amor e outros contos*, Ludwig Tieck
83. *O corno de si próprio e outros contos*, Sade
84. *Investigação sobre o entendimento humano*, Hume
85. *Sobre os sonhos e outros diálogos*, Borges | Osvaldo Ferrari
86. *Sobre a filosofia e outros diálogos*, Borges | Osvaldo Ferrari
87. *Sobre a amizade e outros diálogos*, Borges | Osvaldo Ferrari
88. *A voz dos botequins e outros poemas*, Verlaine
89. *Gente de Hemsö*, Strindberg
90. *Senhorita Júlia e outras peças*, Strindberg
91. *Correspondência*, Goethe | Schiller
92. *Índice das coisas mais notáveis*, Vieira
93. *Tratado descritivo do Brasil em 1587*, Gabriel Soares de Sousa
94. *Poemas da cabana montanhesa*, Saigyō
95. *Autobiografia de uma pulga*, [Stanislas de Rhodes]
96. *A volta do parafuso*, Henry James
97. *Ode sobre a melancolia e outros poemas*, Keats
98. *Teatro de êxtase*, Pessoa
99. *Carmilla — A vampira de Karnstein*, Sheridan Le Fanu
100. *Pensamento político de Maquiavel*, Fichte
101. *Inferno*, Strindberg
102. *Contos clássicos de vampiro*, Byron, Stoker e outros
103. *O primeiro Hamlet*, Shakespeare
104. *Noites egípcias e outros contos*, Púchkin
105. *A carteira de meu tio*, Macedo
106. *O desertor*, Silva Alvarenga
107. *Jerusalém*, Blake
108. *As bacantes*, Eurípides
109. *Emília Galotti*, Lessing
110. *Contos húngaros*, Kosztolányi, Karinthy, Csáth e Krúdy
111. *A sombra de Innsmouth*, H.P. Lovecraft

112. *Viagem aos Estados Unidos*, Tocqueville
113. *Émile e Sophie ou os solitários*, Rousseau
114. *Manifesto comunista*, Marx e Engels
115. *A fábrica de robôs*, Karel Tchápek
116. *Sobre a filosofia e seu método — Parerga e paralipomena (v. II, t. I)*, Schopenhauer
117. *O novo Epicuro: as delícias do sexo*, Edward Sellon
118. *Revolução e liberdade: cartas de 1845 a 1875*, Bakunin
119. *Sobre a liberdade*, Mill
120. *A velha Izerguil e outros contos*, Górki
121. *Pequeno-burgueses*, Górki
122. *Um sussurro nas trevas*, H.P. Lovecraft
123. *Primeiro livro dos Amores*, Ovídio
124. *Educação e sociologia*, Durkheim
125. *Elixir do pajé — poemas de humor, sátira e escatologia*, Bernardo Guimarães
126. *A nostálgica e outros contos*, Papadiamántis
127. *Lisístrata*, Aristófanes
128. *A cruzada das crianças/ Vidas imaginárias*, Marcel Schwob
129. *O livro de Monelle*, Marcel Schwob
130. *A última folha e outros contos*, O. Henry
131. *Romanceiro cigano*, Lorca
132. *Sobre o riso e a loucura*, [Hipócrates]
133. *Hino a Afrodite e outros poemas*, Safo de Lesbos
134. *Anarquia pela educação*, Élisée Reclus
135. *Ernestine ou o nascimento do amor*, Stendhal
136. *A cor que caiu do espaço*, H.P. Lovecraft
137. *Odisseia*, Homero
138. *O estranho caso do Dr. Jekyll e Mr. Hyde*, Stevenson
139. *História da anarquia (vol. 2)*, Max Nettlau
140. *Eu*, Augusto dos Anjos
141. *Farsa de Inês Pereira*, Gil Vicente
142. *Sobre a ética — Parerga e paralipomena (v. II, t. II)*, Schopenhauer
143. *Contos de amor, de loucura e de morte*, Horacio Quiroga
144. *Memórias do subsolo*, Dostoiévski
145. *A arte da guerra*, Maquiavel
146. *O cortiço*, Aluísio Azevedo
147. *Elogio da loucura*, Erasmo de Rotterdam
148. *Oliver Twist*, Dickens
149. *O ladrão honesto e outros contos*, Dostoiévski
150. *Diários de Adão e Eva e outros escritos satíricos*, Mark Twain
151. *Cadernos: Esperança do mundo*, Albert Camus
152. *Cadernos: A desmedida na medida*, Albert Camus
153. *Cadernos: A guerra começou...*, Albert Camus
154. *Escritos sobre literatura*, Sigmund Freud
155. *O destino do erudito*, Fichte

Dados Internacionais de Catalogação na Publicação — CIP

L298 Laozi.
   Dao De Jing. / Laozi. Organização e tradução de Mário Sproviero. – São Paulo: Hedra, 2014.

   ISBN 978-85-7715-061-8

   1. Literatura Chinesa. 2. Literatura Chinesa Clássica. 3. Taoismo. 4. Filosofia Oriental. 5. Cultura Chinesa. 6. Religião. I. Título. II. Tao Te King. III. O livro do curso. IV. O livro da virtude. V. Sproviero, Mário, Organizador. VI. Sproviero, Mário, Tradutor.

                CDU 821.581
                CDD 895

Adverte-se aos curiosos que se imprimiu este livro em nossas oficinas, em 12 de maio de 2014, em tipologia Libertine, com diversos sofwares livres, entre eles, LuaLATEX, git & ruby.